だまし犯罪百科

巧妙な話術と手口の全貌

間川 清 MAGAWA KIYOSHI

さくら舎

はじめに――驚くべきだましテクニック

「私は絶対だまされない！」「私がだまされているわけがありません」

私は弁護士として仕事をしていますが、このようにどう見てもだまされているにもかかわらず、頑《かたく》なに自分がだまされていることを認めない人がいます。なぜこのようなことが起こるのでしょうか？

その答えは、人をだます側のだましのテクニックがとても巧妙《こうみょう》であり、かつ、人は想像以上にだまされやすい生き物だからです。

現代では、残念ながらさまざまな場面で、他人からだまされる可能性があります。振り込め詐《さ》欺《ぎ》のような典型的なだましの場面から、悪徳商法（悪質商法）の勧誘、退職金や預金などを狙《ねら》った金融商品のだまし商法、相続犯罪などお金が絡《から》む場面では、常にだまされる危険があります。

また、住まいやご近所トラブル、ネット犯罪、葬儀やお墓に関する問題、保険商品に関するトラブル、さらに老後施設や老後生活に関するトラブルでも、だまされる可能性があります。

本書では、このようなさまざまな場面におけるだましの手口やテクニック、そしてだまされてしまう側の心理について紹介することで、一人でも多くの人がだまされて被害にあわないようにすることを目的としています。

年間被害金額合計５５９億４０００万円　前年比70億円増

突然ですが、これは何を表した数字か、おわかりでしょうか？

正解は、２０１４年におけるいわゆる「振り込め詐欺」を含めた特殊詐欺と呼ばれる被害額の総額です。

これがどれだけたいへんな数字かピンとこない方も多いかと思います。そうであれば、２０１４年の窃盗《せっとう》による年間の被害額と比較してみれば、振り込め詐欺などの被害額の大きさが理解できるでしょう。

振り込め詐欺を含む特殊詐欺によって、お金を取られる犯罪被害の代表ともいえる窃盗のなんと３・２倍もの被害が発生しているのです。

また、注目してほしいのは被害金額だけではありません。前年との比較についても見てほしいと思います。「振り込め詐欺」を含めた特殊詐欺の被害額は前年と比べて約70億円も増えているのです。

これが振り込め詐欺や、オレオレ詐欺が犯罪として流行しはじめた時期であれば、年々増えていくのはまだ理解できます。流行当初であれば、そのような犯罪があることを知らない人は多いはずですから、知らずにうっかりとだまされてしまうのもしょうがないと思えるからです。

しかし、オレオレ詐欺は、ここ最近流行《はや》りだした犯罪ではありません。警察庁がオレオレ詐欺を含めた特殊詐欺の統計を取りはじめたのは、なんと2004年からなのです。そのときから数えてもすでに10年が経過しています。その間、毎日のように新聞やテレビのニュースでオレオレ詐欺などの特殊詐欺については報道されています。

それにもかかわらず、年間70億円も被害が増加しているとおり、特殊詐欺の被害は年々増えていく傾向にあるのです。

また増えているのは特殊詐欺だけに限りません。消費者庁の統計によれば、悪徳商法や金融商品などのトラブルに関する相談に応じる消費者センターへの相談件数は、高齢者の相談件数について見ると、高齢者人口の増加以上に増えている傾向にあります。

したがって、特殊詐欺等にだまされてしまう人は全体的に増えていく傾向にあるといえるのです。

なぜこのように、特殊詐欺等にだまされてしまう人が減らず、増えていく傾向にあるのでしょうか？

それにはさまざまな理由があります。一つには、特殊詐欺等を仕掛ける犯人側のだます技術が巧妙になっているということがあるでしょう。いまではオレオレ詐欺などの振り込め詐欺は、その手口にさまざまなものがあります。

振り込め詐欺が流行しだした当初は、交通事故や会社で不祥事《ふしょうじ》を起こした息子を装《よそお》って親に電話をして、「オレオレ」といって本当の息子であると思わせ、お金を振り込ませるという、ある意味単純な手口がほとんどでした。

しかしいまでは息子だけではなく、警察官役が出てきたり、弁護士役が電話を交代して話をするなど、登場人物だけ見ても多くの人が出てくるようになっています。

また、現金を振り込ませるという現金移動方法だけでなく、レターパックで現金を直接郵送させたり、銀行のキャッシュカードを手渡しで受けとり、その際に暗証番号を聞きだし、「出し子」と呼ばれる現金引きだし係が預金口座の現金をすべて引きだすという手口もあります。

このようにだます側の技術や巧妙さのレベルが上がっているということは、確実に特殊詐欺等が増加している理由の一つになるでしょう。

また、被害者側に着目して考えると、被害者となりうる一般市民の情報格差が生じていることも特殊詐欺等が増加している理由の一つといえます。

オレオレ詐欺などの特殊詐欺等を防止するために有効な手段は、そういった詐欺手口についての正確な情報を得ることです。事前に情報があれば多くの人はだまされません。オレオレ詐欺を含む特殊詐欺等についての情報は、テレビや新聞雑誌、インターネット、知人や友人、親戚など、さまざまなところから手に入れることができます。

しかし、そういった情報源を使えるかどうかは人によって大きく違います。新聞をとっていない人は年々増えていますし、テレビを見ない人も増えている傾向にあります。

また、高齢者は若年層に比べてパソコンやスマートフォンなどを苦手《にがて》とする人が多く、インターネットを経由しての情報取得ができない人も多くいます。そして高齢者の中には、知人や友人、親戚といった人とのつながりが少なくなっている人も多く、特殊詐欺等についての必要な情報が得られないことがネックになっている場合も多いでしょう。

犯人側のだます技術の向上と被害者側の情報格差という、特殊詐欺等が増加する2つの理由を紹介しましたが、我々一般市民がコントロールすることができ、自力で詐欺にだまされないように努力できるのはどちらの理由でしょうか?

答えは明らかですが、被害者側の情報格差という理由になります。

日々新たな被害者を探している特殊詐欺等の犯人グループの行動については、一般市民ではどうすることもできません。そういった犯人たちに対しては、警察が取り締まりを厳しくし、一人でも多くの犯人グループを摘発《てきはつ》するよう祈るしかありません。

それと違って、情報格差をなくすことは、我々一般市民が自分の力でできることです。自分の身を守るためには自ら行動するしかありません。犯人がつかまりますように、自分のところに電話をかけてきませんように、と祈っているだけでは問題は何も解決しないのです。

では、情報格差を少なくする、またはなくすためにはどうすればいいのでしょうか？

その答えは、ずばり知識を身につけることにつきます。知識を身につけることで、オレオレ詐欺などの特殊詐欺等を撃退することができます。

これは最近見た新聞記事にあったのですが、70歳の男性が、オレオレ詐欺の電話がかかってきた際、「これは詐欺に間違いない」と確信し、警察に通報した上でだまされたフリを装い、警察のおとり捜査に協力し、見事、犯人の検挙にいたったそうです。

その70歳の男性が電話の内容について詐欺に間違いないと確信したのは、その手口がニュースで見たオレオレ詐欺のやり方とまったく同じであったからだそうです。

このように知識があることで、オレオレ詐欺のような特殊詐欺等にだまされないですみ、さらには撃退することもできるようになるのです。知識をもつということが、どれだけ価値のあることであるか、わかっていただけると思います。

では、特殊詐欺等にあわないような知識をもつにはどうすればいいのでしょうか？

本書の目的は、まさにこの点にあります。読者の方に特殊詐欺等についての知識をもっていただき、特殊詐欺等にだまされないよう情報武装をしてもらいたいのです。

情報武装のために本を読むというと、とてもたいへんで読みにくい内容になっているように思うかもしれません。しかし本書は、弁護士などの専門家が読む本ではありません。法律知識などがない方でもわかるように、やさしい言葉と理解しやすいエピソードを中心に書いています。

どんなに価値がある内容が書いてあっても、むずかしくてつまらないため読むことができないのであればまったく意味がありません。

本書は、エピソードすなわち物語の形式で特殊詐欺等にだまされてしまった話を書き、それに対する対応策を書いています。この「物語形式で書く」という部分がとても重要なのです。なぜなら、特殊詐欺等を予防するためにはだましの手口を記憶している必要があり、物語という形式は苦労せずに記憶に残るものだからです。

たとえば、読者の方であれば、昔話の「桃太郎」については、絵本などを見なくても冒頭からお話を誰かに話すことができると思います。なぜそのようなことができるかというと、昔からくり返し聞いているからという点もありますが、なによりも桃太郎が物語形式になっているからということがあります。

「むかしむかしある所におじいさんとおばあさんがいました。おじいさんは山へ柴刈りに……」などというように、ストーリーが続いていくことで、苦労せずにスラスラと最後までその内容を記憶していられるのです。


特殊詐欺等というのは、平穏《へいおん》な毎日が続くなかで突然やってくるものです。ですから事前に準備することができません。そのため、特殊詐欺等の手口を一度見たことがあるという程度ではいざというときに「これはだましの手口だ！」と気づくことができません。

その手口が記憶に残っていなければ、「これはあの話と同じだ！」と気づくことはできないのです。この点、本書では、記憶に残りやすい物語形式でたくさんのだまされてしまった話を紹介しています。そのため一度読んだだけでもしっかりと記憶に残り、だまされるのを防止できるようになるのです。

物語を読むことのもう一つのメリットは、おもしろいということです。とくに「他人の不幸は蜜《みつ》の味」というように、人が失敗してしまった、だまされてしまった話というのは興味深く、時として娯楽《ごらく》に近い感覚で読める内容でもあります。

本書は、興味深く楽しみながら本を読みつつ、同時にだまされないために必要な知識が自然と身につくことを目標にしています。ぜひとも身構えずに気楽に読み進めていただければと思います。

なお、本書で紹介する事例は私が実際に相談を受けた事例や報道された事例などをベースにしていますが、事案の特定を避けるため、一部を改変したり抽象化して書いていますので、その点をご了解ください。

◆目次

第3章　おカネのだまし犯罪

第4章　振り込め詐欺だましの手口

第5章　モメにもめる相続犯罪

第6章　住まいをめぐるご近所犯罪

第7章　ネットのだまし犯罪

第8章　想定外の葬儀・お墓犯罪

第9章 保険を使っただまし犯罪

第10章 高齢者だまし犯罪

第11章　すぐそこにあるだまし犯罪

だまし犯罪百科

――巧妙な話術と手口の全貌

第1章

だまされたと思わせない犯罪

◆詐欺師がつけこむ3つの不安

具体的なだまされてしまったエピソードの前に、本章では少しだけ、高齢者などがなぜだまされやすいのか、その理由と防止策の一般的な話をしようと思います。

オレオレ詐欺《さぎ》を含む特殊詐欺の年間被害額が年々増加傾向にあり、2014年が最多となったという警察庁の統計は「はじめに」で紹介したとおりです。

この統計では被害者の年齢についても統計をとっています。これを見ると、特殊詐欺の被害者は圧倒的に65歳以上の高齢者が多いことがわかります。被害者全体に占める65歳以上の割合の推移を示すと次のようになります。

2011年　62・7％
2012年　68・8％
2013年　77・5％
2014年　78・8％

このように、特殊詐欺における被害者については、65歳以上の高齢者が年々増加する傾向にあり、その割合は約8割にも及んでいるのです。単純に考えれば、65歳以上の高齢者が特殊詐欺にだまされることがなくなれば、特殊詐欺は8割減少することになるのです。

ではなぜ、このように高齢者ばかりがだまされてしまう傾向にあるのでしょうか？　その理由は、高齢者をだまそうとする犯人が、高齢者の3つの不安につけこんでいるからといえます。

まず1つめの不安は「健康」です。高齢者は多くの場合、体のどこかに病気や悪いところをもっているものです。人はいくつになっても健康で長生きしたい生き物ですから、健康についてはとくに重大な関心をもっています。同年代の知人、友人が病気になったり亡くなったりといったことを知るたびに、高齢者は自分の「健康」について大きな不安を感じます。

次に2つめの不安は「孤独」です。高齢者になれば、育ててきた子どもたちが独立し家を出ていきます。また、長年連れ添った配偶者《はいぐうしゃ》に先立たれることもあるでしょう。親しかったご近所さんや友人、知人も高齢で亡くなったり、疎遠《そえん》になってしまうことは多いものです。

このように、高齢者は一般的な傾向として、人間関係が希薄になり、孤独な存在になってしまいがちなのです。詐欺師たちは、そんな高齢者の「孤独」という不安につけこみ、言葉巧《たく》みにだまし行為をしかけてくるのです。

そして3つめの不安は、「お金」についての不安です。定年が65歳に引きあげられつつある日本ですが、高齢者が65歳を過ぎて安定的な収入を得ることは簡単ではありません。

いつインフレが起こるかもしれないいまの日本において、安定した豊かな老後を送るためには財産となる「お金」についての不安はいつでもつきまといます。高齢者をだます人たちは、この高齢者の「お金」の不安につけこみ、高齢者をだまそうとするのです。

◆どうすれば「怪しい」と気づけるか

では、具体的に詐欺師はどのようにこれら3つの不安につけこみ高齢者をだますのでしょうか？

まず「健康」という不安についてですが、これは健康食品や、健康にいいとされる寝具などの販売詐欺などがあります。健康の不安につけこむ詐欺の特徴として、健康に関する商品の効果のあいまいさを利用するという点があげられます。

健康食品やサプリメントなどをイメージするとわかりやすいと思いますが、健康増進をうたう商品はその効果があるのかどうかがわかりにくいことが多いのです。

病《やまい》は気から、というように、体調や気分はそのときどきによって根拠なくよくなったり悪くなったりするものです。ですから、単に日々の体調の変化にすぎないのに、だまされるほうも「このサプリを飲んでいるとたしかに毎日調子がいい気がする」と思いこんでしまいがちなのです。そのため、一度だまされるとだまされ続けてしまうということがあります。

また、詐欺商品を売りつける際のセールストークとして「お金よりなにより健康が第一」という殺し文句が使いやすく、健康に不安のある高齢者がとてもだまされやすいという特徴もあります。

次に「孤独」という不安についてです。この代表的な例は家庭訪問販売による詐欺や悪徳商法があげられます。

たとえば、高齢の女性に対する着物の訪問販売があります。こういった訪問販売では、孤独で寂しい高齢女性の家に、若くて人当たりのいいセールスマンが訪問します。そして、最初は着物の販売という目的を前面に出さずに単に世間話をしにきたという体裁を整え、楽しくおしゃべりをして女性の孤独による寂しさを癒《いや》してあげるのです。

そして信頼関係ができてきたときに、「じつは見てほしい着物があるんだけど……」などといって高額な着物の販売をもちかけます。女性は、せっかく話を聞いてくれたんだから……という お返しの気持ちから断ることができなくなり、必要もない高額な着物を買ってしまうのです。

孤独という不安につけこむだましの手口は、人の弱みにつけこむ悪質なだまし手法といえます。

そして「お金」に対する不安を利用する詐欺としては、未公開株の購入詐欺などが代表例としてあげられます。この詐欺では、偽造《ぎぞう》した株券や会社のパンフレットなど巧妙《こうみょう》な小道具を用意して、被害者の信用をつくりだし、お金を巻きあげてしまいます。誰でももっているお金に対する欲を煽《あお》り不安にまでかき立てて、相手をだますのです。

このような高齢者の３つの不安を利用する詐欺に対して、どのような予防策をとればいいのでしょうか。それは、「知識」をもつことに他なりません。

たとえば、「孤独」という不安を利用した詐欺で紹介した訪問販売について、そのようなだましの手口があることを事前に知っていれば、セールスマンが自宅を訪問した段階で「怪《あや》しい」と気づくことができ、追い返すという行動をとることができるでしょう。知らなければセールスマンを家に入れてしまい、気づいたときにはだまされているという結果になりかねないのです。

◆悪質商法の手口ランキング

このように、だまされないためには知識が必要であることはこれまでの説明で充分に理解していただいたと思います。知識としてもっておくべき具体的なだましの手口については第2章から詳しく紹介をしますが、その前にだまされないために知っておいてほしい知識があります。

それは、とくに高齢者がだまされやすい悪質商法ランキングです。消費者問題の中核機関として国や全国の消費生活センターなどと連携《れんけい》し消費生活に関するトラブル情報の収集と分析をおこなっている「独立行政法人　国民生活センター」が監修する『悪質商法のすごい手口』(徳間書店)という書籍には、70歳以上の相談者からもちこまれた悪質商法の手口ランキングが記載《きさい》されています。

悪質商法にだまされないために身につけておく知識としてとても有益なため、ここに引用したいと思います。

1位　家庭への訪問販売……17・3%
2位　電話勧誘販売……9・2%
3位　次々販売……3・9%

4位　販売目的隠匿《いんとく》……2・9％
5位　かたり商法……2・8％
6位　催眠《さいみん》商法……2・6％
7位　点検商法……2・3％
8位　利殖《りしょく》商法……2・2％
9位　無料商法……1・9％
10位　二次被害……1・8％

タイトルだけではわかりにくい内容もあるので簡単に説明します。

1位の家庭への訪問販売は、前項でも紹介したように被害者の自宅にセールスマンが来て不要品を売りつけるといった商法のことです。

2位の電話勧誘販売は、突然自宅に電話をかけてくることから始まる悪質商法のことです。

3位の次々販売は、1人の消費者に同じ商品や類似《るいじ》した商品などを次から次へと契約させるような手法のこと。

4位の販売目的隠匿は、最初は商品やサービスの販売であることを隠して接触してくる商法のことです。

5位のかたり商法というのは、業者が公的機関の職員などのように一定の資格をもっていたり、専門家であることを騙《かた》っておこなわれる商法のことです。

6位の催眠商法は、狭い空間に人を集めお買い得であるという雰囲気をつくりだして高額な商品を購入させる手法です。

7位の点検商法は、家にシロアリがいないか見てあげるなど、点検を装って商品やサービスを売る手法のことです。

8位の利殖商法は、「絶対儲《もう》かる」などといって得体のしれない金融商品を売りつける手法。

9位の無料商法は、「無料体験」など無料を切り口に勧誘して商品などを購入させる方法。

10位の二次被害は、一度被害にあった人にその被害を取り戻してあげるともちかけだまそうとする手口です。

このランキングを見ると悪質商法の手口がいかにたくさんあるかがわかります。このようなだまし手口があるということを知っているだけで、だまされる可能性はかなり低くなるでしょう。

◆だます人ほど「いい人」であるという現実

著者はこれまで弁護士として、たくさんの高齢者の方々から詐欺被害やトラブルとなった問題の相談を受けてきました。その中で、高齢者の方のトラブルには一つの特徴があるということに気がつきました。

それは、だます人ほど「いい人」である、ということです。

一見すると、それは逆なのでは？　と思うかもしれません。一般的なイメージでいえば、人をだます人は「悪い人」であるのが普通です。悪い人だからこそ、他人をだまして自分だけ得するようなことをすると思いがちです。

しかし、多くの相談を受けてきた経験からして、だます人は「いい人」といえます。これはどういうことなのでしょうか？

これは、人をだます人というのはだまされる人にとっては「いい人」に見えているということです。もちろん、だます人というのは、本当は「悪い人」です。それは間違いありません。しかし、悪い人かどうかわかるのは常にだまされた後の話であり、だまされている最中、だます人は「いい人」と見られている事実を知っておく必要があります。

たとえば、あるとき私が相談を受けた80代の女性であるAさん。Aさんは、娘夫婦に連れられて私の法律事務所に相談に来ました。娘さんから話を聞くと、Aさんは、夫に先立たれひとりで一戸建ての家に住んでいます。あるとき、娘さん夫婦が母親であるAさんの家に遊びにいくと、見慣れない高級な羽毛《うもう》布団が置いてあったそうです。

娘さんが「これどうしたの？」と聞くと、Aさんは「仲よくなった布団業者のBさんから購入した」ということでした。娘さんが値段を聞くと、なんと40万円。しかし、１組だけではなく４組も購入していました。娘さんは悪質な訪問販売に違いないと考え、Aさんを私の法律事務所に連れてきたのです。

私がAさんに話を聞くと、Aさんは「私はだまされてなんかいませんよ。Bさんは話を聞いてくれるとってもいい人です。なにも相談することはありません」といって席を立とうとします。私が、悪質な訪問販売の可能性があるといってもまったく話を聞いてくれません。Aさんにとってはだまそうとしている Bさんは、「いい人」に他ならないのです。

このような、だまそうとする人が「いい人」に見えている例は他にもあります。

たとえば、振り込め詐欺などでは、銀行の窓口で振り込め詐欺の可能性がある振り込みをしている場合、警察官などが振り込みを中止するように働きかけることがあります。このようなときにもだまされて振り込みをしようとする人は、善意の警察官に対して「息子を助けてくれるCさんに早くお金を振り込まなければいけない。邪魔をしないでほしい」などと食ってかかることがあるそうです。

本当のいい人である警察官を悪者扱いし、だましているCさんを「いい人」と思いこんでいるのです。

有名な「北風と太陽」の話ではありませんが、人は厳しい人に対しては頑《かたく》なな態度をとりますが、やさしい人に対しては気を許し、その人が求める行動をとってしまいがちです。これを踏まえて「いい人」と感じる人には少しだけ注意する意識をもちましょう。人を疑うのは気持ちのいいことではありませんが、頭の片隅《かたすみ》に置いておくとだまされる確率を少なくすることができます。

◆もっとも簡単で効果的な防止策

高齢者がだまされてしまう傾向が強いことは、これまで述べてきたとおりですが、どうすればそれを防止することができるのでしょうか？

さまざまな防止策はあるとは思いますが、もっとも簡単で効果的な防止策は家族とのつながりをもつ、ということだと思います。

高齢者がだまされてしまった例でも書きましたが、私が高齢者の方が被害者となるトラブルで相談を受けるとき、高い確率で家族が一緒に来ることが多いのです。だまされてしまった高齢者の方が家族に相談したり、家族が高齢者の異変に気がつくなどして法律事務所に相談をするようにすすめるのです。

だまされてしまったときというのは、パニックに陥《おちい》っていたり、焦《あせ》りで何も考えることができなくなっているため、だまされていることには気がついてもどうしていいかわからない場合がほとんどです。そんなとき、まわりにいる家族が高齢者の支えとなり、被害の拡大を防がなくてはなりません。

内閣府の調査によると、ひとり暮らしの高齢者は年々増加する傾向にあります。

日本の世帯のうち、65歳以上の高齢者がいる世帯は全体の４割であり、そのうち単独世帯と夫婦のみの世帯が過半数を占めています。ひとり暮らし高齢者が高齢者人口に占める割合は、１９

80年には男性4・3%、女性11・2%でしたが、2010年には男性11・1%、女性20・3%となっています。なんと高齢者のうち、男性では11%がひとり暮らしであり、女性では20%の人がひとり暮らしであるということです。

とくに私が相談を受けていて、ひとり暮らしの女性が詐欺などの被害にあうことが多いと感じます。高齢者の2割を占めるひとり暮らしの女性はそれだけ注意が必要であるということです。

では、家族のつながりといっても、具体的にはどのようなことをすればいいのでしょうか?

詐欺やトラブルの防止という観点からもっともいいのは、高齢者が子ども夫婦や孫たちと同居することでしょう。常に一つ屋根の下で生活を一緒にしていれば、高齢者の行動のわずかな異変にも気がつくことができます。

高齢者の方は、時としてだまされたりトラブルにあったりしても、子どもに対して遠慮《えんりょ》したり、恥《はじ》をかきたくないと考えてトラブルにあっていることをいわないことがあります。そんなときに同居している家族がいれば、異変に気がつきやすいでしょう。

また、同居がむずかしいということであれば、定期的に高齢者の家を訪問し、顔を見てコミュニケーションをとるという方法が有効です。

このときのポイントは、電話やメールなどだけではなくしっかりと顔を見て話をするという点です。電話やメールだけでは、高齢者がかかえている問題やトラブルを見抜くことはできません。孫の顔を見せるなどの名目でかまいませんので、定期的に接触をもつことが重要です。

◆「まさかうちの親が？」悪徳商法被害を見抜く法

このように高齢者の詐欺トラブルを防止するには、家族の協力が欠かせません。

しかし、高齢者の方がトラブルをかかえていることを周囲の家族が見抜くことは簡単なことではありません。詐欺の被害にあった高齢者は、自分だけで問題をかかえて周囲に相談することをためらっていたり、そもそも自分が詐欺トラブルに巻きこまれていることに気がついていない場合もあるからです。

たとえ高齢者と同居していたり、定期的に訪問する機会をもっていたとしても、高齢者の詐欺トラブルを見抜くことができなければ意味がありません。ここでは、高齢者の方が詐欺トラブルにあっていることを見抜くためのポイントを紹介しておきたいと思います。

＊見慣れない商品が家に置いてある

詐欺トラブルで多いのは、高齢者の家庭を訪問して高額な商品を売りつける訪問販売です。このような訪問販売では、高額な羽毛布団や飲料水、健康食品などが売りつけられる場合が多いといえます。そうなると当然、家にいままでなかった商品が置いてあることになります。布団や着物など、それとなくいままでなかったものが置いてあるかどうかチェックしてみましょう。

また、場合によってはそれらの商品を購入する契約書が置いてあることもあります。不審《ふしん》な書類が見つかったら念のため本人に確認してみるとよいでしょう。

＊見知らぬ人と連絡をとっている

高齢者の親などが、近所の人や友人以外の人とこっそりと電話をしていたり、いままで聞いたことがないような人が家に出入りしている場合、注意が必要です。それは訪問販売などのセールスマンである場合が多いからです。

これまで書いたように訪問販売などでは高齢者の寂しさにつけこんで高齢者と表面上仲よくなり、高額な商品を売りつけるといったセールスマンがいるからです。親が名前も聞いたことがないような人と連絡をとっているときは、どのような関係の人か聞いてみるといいでしょう。

＊商品やサービスなどを執拗《しつよう》にすすめてくる

高齢者の親が、健康食品などの高額な商品をすすめてくるときも注意が必要です。訪問販売でその商品を大量に購入していたり、マルチ商法などの被害にあっている場合がありうるからです。

＊いつもより明らかに元気がない、もしくは異常に明るい

高齢者の方は詐欺トラブルにあったとしても、どのように対応していいかわからず問題をかかえこんでしまう人が多くいます。そんなとき、いつもより明らかに元気がない様子をしていることが多いものです。

また、いままでと違って楽しそうに頻繁《ひんぱん》に外出しているなど、異常に明るい様子があるときにも注意しましょう。高額商品のセールスマンにだまされて外出先でさまざまな商品の勧誘を受け、購入している可能性もあるからです。

第2章

今も昔も悪徳商法犯罪

それではここから、だまされやすい人、おもに高齢者の詐欺《さぎ》トラブルについて具体的なエピソードと、その対応策を紹介していきます。

エピソードを読み進めながら、詐欺トラブルへの対処法を学んでいただければ幸いです。なお登場人物の名前はすべて仮名となっていますのでご了解ください。

無料スキンチェックのつもりが20万円支払うはめに

児玉加奈子さんは70代の専業主婦。ある日、商店街を歩いていたところ、「無料でお肌の健康チェックをしていますよ」と呼びかけられました。最近肌が荒れがちになっていたことと、とくに急ぐ用事もなかったことから、「無料ならいいか」と軽く考えてチェックを受けてみることにしました。

チェックを受けると、小型カメラのようなもので肌を撮影され、その結果がモニターに出てきました。すると素人《しろうと》が見てもわかるほど肌が乾燥しています。案の定、チェックをしてくれた白衣の女性店員が「すごく荒れていますね。お化粧ののりも悪いんじゃないですか？」などと聞いてきました。肌の状態がよくないと思っていた児玉さんはしばらくその店員と、肌の状態などについて話しこみました。

するとその店員が、「当社のオススメ肌クリームです」といって、そのお店の商品である肌クリームを取りだしてきました。そして、「一度これを塗《ぬ》ってみて、効果を試してみませんか」といい、児玉さんの顔に塗りはじめました。そして、再度肌を撮影し、しばらくしてその結果がモニターに映しだされました。

するとその先ほどの荒れた肌の様子とはうってかわって、すべすべな肌の様子を確認することができました。その結果を見て児玉さんも驚かずにはいられませんでした。すかさず女性店員が、「どうですか？　効果を実感いただけたと思います。購入してみませんか」とクリームの購入をすすめてきます。値段を聞いたところ、なんと半年分一括《いっかつ》購入で20万円ということでした。

「とてもじゃないけど買う余裕がない」と断ると、女性は執拗《しつよう》に購入をすすめ、さらには「このままの肌状態を続けると皮膚がんになる可能性もあります」などと急に怖いことをいってきます。そして、「この肌クリームは専門医の監修も受けているものだから、塗り続ければ皮膚がんの防止になる」などといってくるのです。

児玉さんは、あまりにもしつこい長時間にわたる説得と、皮膚がんになる可能性があるという恐怖感からとうとうクレジットカードの分割払いでクリームを買ってしまいました。

その後、クリームを塗り続けていましたが、いっこうに効果は感じられません。それどころか、皮膚に合わない成分が入っていたためか、炎症ができてしまいクリームを塗ること自体をやめてしまいました。返品して代金を返してもらおうとお店を訪ねましたが、すでにその業者はいなくなっており連絡がつかない状態になっていました……。

どうすればよかったか

このような無料のスキンチェックから高額な化粧品を売りつけられるというトラブルは多発しています。今回はスキンチェックでしたが、血液ドロドロ度チェックなど、いろいろあります。予防策としては「無料」という言葉に反応して、安易にチェックを受けないことです。このような無料チェックトラブルでは、違法なことをする業者が少なくありません。

今回のケースでは「皮膚がんになる可能性がある」などと診断していますが、医師でない人が検査結果を診断することはそもそも違法です。消費者契約法を根拠に契約の解除ができる可能性がありますが、業者の所在が不明ではそれもできません。

無料＝高額と頭に刻《きざ》み、こういった無料チェックをうたうお店には近づかないのがいちばんです。なお、この場合、商品を使いかけでも、詐欺による取り消しとなるため、残っている分を返品すればＯＫです。

「シロアリ点検、無料でやりますよ」その一言につられない

溝口忠司さん（74歳）は、ある日、自宅にいたところ、突然作業服を着た男性2名の訪問を受

けます。話を聞くと、「自分たちはシロアリ駆除《くじょ》の専門業者で、この地区にある築年数が古い木造住宅の一斉《いっせい》点検をおこなっている。点検だけなら無料ですぐにできるので、点検を受けてみませんか」ということでした。

溝口さんは、30代で自宅を建て、すでに40年近く経過していたため、普段からあと何年くらいこの家に住めるのか、という漠然とした不安を感じていました。そのため、「無料で点検してくれるなら都合がいい」と思い、点検をお願いすることにしました。

さっそく業者2名が床下に入り、点検を始めました。すぐにその人たちが「これはひどい」などという言葉が聞こえてきました。溝口さんは不安になりながら、点検が終わったあと業者から説明を受けました。なんとその業者は「お宅の床下には、シロアリの巣がたくさんある。一部の木材は食い散らかされてしまっている。すぐに対処しないと家の基礎が潰《つぶ》れて住めなくなってしまいますよ」というのです。

溝口さんは驚きましたが、自分で見ていないこともあり、信用できませんでした。「また今度でいいから」などと業者の勧誘をかわしていると、業者の1人が「これが証拠の写真です」といって、デジカメでとった写真のデータを見せてきました。業者のいうとおりシロアリがたくさんおり、食い散らかされた木材も映っていました。

それを見た溝口さんは、「これは本当にシロアリがいるに違いない。すぐに対応しなければ」と考え、その業者のいうとおりシロアリ駆除費用として２００万円を支払ってしまいました。

その後、業者が工事に取りかかりました。すると、業者の1人が、「詳しく床下を調べてみたら、さらに食い散らかされて壊れている木材があった。これも交換したほうがいい。ただし追加費用として50万円がかかる」といい、溝口さんは今後もこの家に住み続けることを考えたらやむをえない、と思い、泣く泣く老後の預金を取り崩《くず》して支払いました。

そうして工事が終了し安心していたところ、溝口さんがふとしたことからことの顚末《てんまつ》を友人に話しました。その友人は、昔工務店をしておりシロアリ駆除について知識があったことから、溝口さんの家の工事がきちんとされているか見てあげることにしました。すると、一切工事をした形跡はなかったのです。溝口さんは業者にだまされたことに気がつきましたが、その業者とは以降連絡がとれなくなり、泣き寝入りするしかありませんでした。

どうすればよかったか

シロアリ点検をきっかけに不必要な工事の代金をだまし取る手口も典型的な点検詐欺といえます。このような詐欺では、床下などを被害者が実際に確認できないことをいいことに、捏造《ねつぞう》した写真やシロアリ被害にあった木材などを事前に準備して工事代金をだまし取ろうとします。

このような点検詐欺では「無料」という言葉につられて点検を受けないことが何よりも大切です。「点検だけさせて注文はしないぞ」という考えも危険です。とにかく無料点検にはかかわらないことが何よりも重要です。

気がつかぬ間に買っていた⁉　催眠療法の実際

あるとき60代の専業主婦、北野量子さんの自宅にチラシが投函《とうかん》されました。中身を見ると、ちょうどその日の午後、近くにある主婦友だち山田さんの自宅駐車場で日用品のバーゲンセールがおこなわれるというもの。

バーゲン会場には、北野さんと同年代の女性が押し合いへし合いいたくさん。

山田さんによれば、このバーゲンではとってもお得な値段で日用品が買えるらしく、山田さんは業者からたくさん日用品のプレゼントをもらい、お礼に会場として駐車場を貸すことにしたそうです。

さっそくさわやかな青年が主婦たちの前に立ち、バーゲンを始めていきます。最初にルール説明があります。このバーゲンでは多くの人に購入してほしいため、商品を紹介した後、大きな声で「買います！」といった人が購入できる仕組みということでした。

「はいっ！　この特製テフロン加工フライパン！　定価５０００円のところ今日は１００円！　買う人はいますかッ！」と信じられないような激安価格で商品が売られていきます。

バーゲン会場は、どんどんヒートアップしていきます。「カップ＆ソーサーセット50円ッ！」「食器洗い洗剤５本１００円！」、業者の青年が商品を紹介するやいなや会場にいる主婦全員が

「買います！」「買います！」と大声で叫びます。北野さんも、お得な商品を手に入れようと、いつのまにか大声で「買います！」「買います！」と叫んでいました。

しばらく商品紹介が続いた後、「次に紹介するのは高機能磁気《じき》つき羽毛《うもう》布団、通常価格は10０万円のところ、今回は特別に30万円でご紹介です。３名限定！　買いたい人いますか！」とのアナウンスがありました。

ほとんどの商品に反射的に「買いたい！」と叫んでいた北野さんは、このときもほとんど反射的に「買いたい！」と叫んで手をあげます。しかし、あれほどみんな夢中で叫んでいたのに、このとき「買いたい！」と叫んだのは北野さんと、その友だちの山田さん、あとは北野さんの知り合いの数名だけでした。業者の青年は「はいッ、そこのあなたに決まりッ」と北野さんを指名します。「では、契約書を書いてもらうので、隣にある販売車まで来てください」と、業者の車に乗るようにうながされます。呆然《ぼうぜん》としながら、業者の従業員につれられて販売車に行くと、そこにはひと目で反社会的組織の人と思われる人物が、契約書をもって待っています。北野さんは契約書にサインするしかありませんでした……。

どうすればよかったか

これは、いわゆる催眠《さいみん》商法と呼ばれる悪徳商法です。こういった業者は、最初は無料や激安で価値の低い商品を売り、客が興奮状態になったときに、突然高額な商品を売り出します。そして、キャンセルしようとしても「買いたいといったのはそちらでしょ」「一度、契約は成立しているでしょう」などと迫り、絶対にキャンセルさせてくれません。

このような催眠商法への対応策として有効なのは、「絶対に会場に行かないこと」です。知り合いからの紹介だからといって安心してはいけません。また、「安い商品だけを手に入れて帰ろう」という考えもやめましょう。催眠商法業者は悪質ですから、難癖《なんくせ》をつけて高額商品の購入をさせられたり、車で事務所へ連れていかれ監禁されるようなこともあります。安い商品や無料の商品には必ず裏があります。安易に近づかないのがいちばんです。

家族の荷物は絶対に代引きで受け取ってはいけません！

60代後半の布施有子さんは、同じ年の夫とふたりで、一戸建ての家に住んでいます。夫が外出し、布施さんがひとりで自宅にいたとき、玄関のチャイムが鳴りました。出てみると、自宅に出入りしている顔なじみの宅配業者が小包をもっています。「布施隆史さん宛に小包が届いています。代引きとなっていますので、料金3万円をお願いします」とのこと。布施さん自身にこのような小包が届く覚えはまったくありません。

送り主の名前を確認すると「○○水産株式会社」とあり、荷物の中身はボイルされた毛ガニのようでした。「なんでカニなんか？」と思いましたが、布施さんは夫が大の海産物好きであることを思いだし、「夫が注文したものに違いない」と考えて、代引き料金の3万円を支払ってしまいました。

その後、帰宅した夫に布施さんは、「荷物が届いていたわよ。代引きで3万円は払っておきましたから、あとで返してね」といいました。そうしたところ、夫からは、「そんなものを頼んだ覚えはない」との返答がありました。

ふたりは「おかしい」と思いながらも荷物を開けてみました。すると、中からはひと目で売りものにはとてもならないと思われるカニが出てきたのです。長い間冷凍していたためか茶色に変色し、脚がとれてバラバラになっているようなカニでした。

布施さんはそこで「だまされた！」と気がつきました。

急いで、送り状に記載されていた荷物の送り主の電話番号宛に連絡してみます。すると、「はい○○ですけど」と記載《きさい》されていた会社とはまったく関係のない個人の自宅につながってしまいます。どうやらこの荷物の送り主は、他人の電話番号を勝手に自社の電話番号として使っていたようなのです。

また送り状に記載のあった住所についても調べてみましたが、なんとそこは北海道のとある市役所の住所でした。ネットでその会社の名前を調べてみても、一切該当《がいとう》がありません。

どうやらカニを送りつけた会社はまったく架空《かくう》の詐欺会社だったようです。布施さんは、3万円の被害金を誰に請求してよいかわからず、途方にくれてしまいました……。

どうすればよかったか

このようなケースは、いわゆる「送りつけ商法」と呼ばれます。そもそも注文していない商品を勝手に送りつけ、代金を振り込ませたり、代引きでお金をだまし取るという詐欺の手口です。

このケースですが、このような行為をおこなっている加害者側は、架空の名義などを利用しており、連絡がとれず被害金を請求できないことは多いのです。

代引きによる被害については、法律上宅配業者に対して代引きで支払ったお金を返金させることはできず、相手に請求するしかありません。しかし相手の消息が不明であれば、どうすることもできないのが現実です。

これを防止するために代引きで料金を支払うときには、たとえ家族宛であっても絶対に本人の意思を確認しないまま支払ってはいけません。顔なじみの宅配業者でも、荷物の受けとりは拒否するようにしてください。

無料点検は悪徳の始まり！　典型的な布団商法

山上伊代さん（69歳）は、数年前に夫に先立たれ、いまはひとりで一戸建てに住んでいます。娘と息子がいますが、ふたりとも独立して遠くに住んでおり、普段あまり連絡をとっていません。

そんな山上さんの家に突然、男性が訪ねてきました。話を聞くと「以前当社の関係会社から羽毛布団を購入いただいたと思いますが、そちらの布団の無料定期点検でうかがいました」ということでした。

山上さんは、たしかに羽毛布団をもっていましたが、どこの会社から購入したかまでは覚えていません。しかし、無料で点検してくれるのであれば損はないし、わざわざ都心から遠くの山上さんの家まで来てくれたことから、断るのも悪いと思い点検をしてもらうことにしました。

家に上げると男性は押し入れにある布団をなにやら調べはじめました。そして「これはかなりダニが発生していますね。見てくださいダニが発生しているとこのダニ捕りチェックシートの色が赤くなるのですが、真っ赤になっています。一度引き取って専門クリーニングをしますので、もち帰らせていただいてよいでしょうか？」といいます。

ダニがそんなにいることに、山上さんは驚きましたが、布団をもっていかれたのでは寝ることができません。そこで返事を渋っていると男性は、「代わりに当社の新製品を置いていきますので、使ってください。一応購入してもらう契約書にサインはもらう形になりますが、クリーニングが完了後、解約することにしますので大丈夫です」と説明し、「クリーニングはもちろん無料です。いまだけのキャンペーンですので、この機会を逃すと損ですよ」と契約書へのサインを迫ります。

山上さんは不信感をもちつつ、男性の熱心な営業トークを断ることができず契約書にサインして、新しい布団に交換してもらいました。

その後、数週間が経過しましたが、男性からいっこうに連絡がありません。そこで山上さんが電話してみると、別の男性従業員が電話に応対し、「クリーニングができるような状態ではなかったため、元の布団は返却できない。新しい布団を使ってくださいというではありませんか。

そこで、山上さんが、新しい布団の契約を解除するようにいうと、相手の男性は「一度使ってしまった布団なのだから解除はできない」というのです。

山上さんはどうしていいのかわからず、途方にくれてしまいました……。

どうすればよかったか

このような無料点検を装《よそお》った詐欺は、たくさんありますが、布団の無料点検はその中でもとくに多い詐欺の典型例といってもいいでしょう。

このような業者は、被害者となりそうな高齢者がいる家を手当たり次第にあたって、だませそうな人だけをターゲットにします。以前販売した布団の関連会社だと名乗っているようですが、ウソであることは確実です。

山上さんがだまされた後、業者は「布団を使ってしまったら解約できない」といっているようですが、これは明らかに間違っています。法律上は、必要な書面の交付を受けてから8日以内であれば、商品を使用していても解約は可能ですのでだまされないようにしてください。

「消防署のほうから来ました」といわれて

70代の及川美奈江さんは、夫と未婚の娘1人の3人暮らし。あるとき、ひとりで自宅にいたところ、消防署の職員を名乗る男性の訪問を受けます。

「こんにちは、○○消防署職員の田村といいます。今回、法改正によって個人宅に設置が義務づけられた火災警報機の設置状況の確認でおうかがいしました」といいます。

なにかと思い話を聞いたところ、最近法律が改正されて、個人の家でも火災警報機を設置しなければならなくなったとのこと。この訪問は、その義務が守られているかどうかの確認だということでした。

詳しい内容については知らなかったものの、及川さんは以前テレビのワイドショーなどで、法律が変わって火災警報機の設置が義務づけられるようになったことを聞いたことがありました。そのため「ああ、あのことか」と思い、法律で義務となっているのであればしょうがないと思い、確認してもらうことにしました。

男性は家の隅々《すみずみ》まで点検した後、及川さんにこのようにいいました。「この家には、法律上の義務を満たす火災警報機が一つも設置されていませんね。これは問題です。いますぐ消防署推薦のこの火災警報機を購入し義務を満たすようにしてください」

消防署職員から義務違反を指摘され、及川さんはとても悪いことをしているような罪悪感《ざいあくかん》を感じました、すぐに設置しようと値段を聞くと、なんとその火災警報機は一式で40万円もするということでした。

「あまりにも高額なので主人と娘に相談させてください」といって、及川さんが断ろうとすると、その男性は「何をいっているんですか、この家は法律違反の状態なのです。すぐに解消してもらわないと、義務違反として検挙せざるをえません。そうなると、最悪1年以上の懲役《ちょうえき》もありえます」と、法律違反をたてに及川さんを脅《おど》すような発言をしてきました。

「懲役1年」という言葉が出てきたことに及川さんは恐怖を感じ、すぐにその火災警報機を購入することにしました。消防署職員を名乗る男性は購入してもらうとそそくさと帰っていきました。

及川さんが、夫と娘が帰宅してからその話をしたところ、ふたりとも「それはおかしい」といい、消防署に連絡をすることにしました。すると、消防署がそのような火災警報機を売りつけることはありえない、とのこと。及川さんは自分がだまされたことに気がついたのでした。

どうすればよかったか

「消防署のほうから来ました」といいながら消火器などを売りつける商法は昔からあるといわれています。「消防署のほう」というのは、単純に「消防署のある場所の近くから来た」という意味で使っているという話が笑い話のように語られることがあります。

実際「消防署のほうから来た」という言葉を使うかは別として、火災警報機の設置が義務づけられたタイミングで、及川さんのようなケースが発生しています。法改正にかこつけて人をだますという手口は昔からあります。これからも法改正はさまざまな分野でおこなわれますので注意が必要です。「法改正＝詐欺の可能性」という図式を頭に入れておくといいでしょう。

メカに弱い人のケーブルテレビ契約をめぐるトラブル

70代の岩城光男さんは、妻とふたりで集合団地に住んでいます。あるとき郵便受けを見ると、ケーブルテレビ会社から、「無料一斉点検のお知らせ」という紙が入っていました。

内容を見ると、「各家庭のテレビ電波出力が適切におこなわれているかどうかの確認をいたします。確認は20～30分程度で終わりますのでご在宅をお願いします。確認訪問希望日をご記載の上、FAXなどでご提出ください」と書いてあります。

岩城さん自身も奥さんも機械はとても苦手《にがて》で、電波出力などといわれても何のことかよくわかりません。しかし、確認希望日を提出するというやり方で、実際に団地全体の下水点検や換気扇交換作業などをすることがあり、それと同じようなものだと思ってしまいました。

岩城さんは、以前団地理事会の理事長を務めたことがあり、そういった団地全体の点検や作業では、全員が協力しないと作業を終えることができずに迷惑がかかるため、今回も岩城さんは急いで点検希望日を回答しました。

その後ケーブルテレビ作業員が自宅を訪問し、なにやらケーブルで作業をしていました。作業自体は5分もかからずに終わってしまいました。その後作業員は、「テレビ電波出力については異常はありません。ただし、比較的弱いので、場合によってはテレビが今後正しく映らない可能性があります。そうなる前に当社のケーブルテレビに加入しておくことをおすすめします」といい、一気に自社のケーブルテレビへの加入をうながす営業トークをしはじめたのです。

作業員がカタカナ語を並べ立てるので、岩城さんは頭が混乱してしまいました。ただ、以前アナログ放送が地上デジタル放送に切り替わるタイミングで対応しなければテレビが見られなくなるという経験があったため、今後テレビを見られなくなったら困るという思いだけはありました。

そのため、長時間のセールストークを受けた後、「テレビが確実に見られるなら」とケーブルテレビに加入する契約をしてしまったのです。

ひと安心していたところ、近くに住んでいた息子夫婦が遊びにきたため、この出来事を相談しました。機械関係に強かった息子に確認してもらったところ、岩城さんはケーブルテレビのほかにも、有料のインターネット・プロバイダ契約や、およそ見る可能性のない有料チャンネルも契約していることがわかりました。

慌《あわ》てて解約しようとしましたが、契約期間が3年となっており、期間前に解約すると高額の違約金が発生することがわかり、泣く泣く利用を続けるしかありませんでした。

どうすればよかったか

このようなケーブルテレビをめぐるトラブルは、機械の取り扱いに苦手意識をもちがちな高齢者に起こりがちです。これらケーブルテレビの行為は、法律的に違法な詐欺というほどのものではありませんが、あたかも義務的な点検作業であることを装うなどしている点で「だまして」いるといえなくもありません。

こういった契約では、機械などについて無知であることがいちばんの弱点になります。必ずその場で契約するのではなく、家族や知人友人など、機械について知識がある人にひとこと相談してからおこなうようにしてください

イチキュッパは1980円?

小久保幹子さん(70歳)は、庭つきの大きな一戸建てに住む主婦です。家族は夫と独身の息子。日中、家を守るのは小久保さんの役割です。

あるとき家にいると、外から「さおだけ〜」というよく聞く音声が流れてきました。「たけや、さおだけ〜」のおなじみの音声に続き、「いまならさおだけが2本でイチキュッパのセール中です」とのセール情報が流れてきました。

セール中という案内に惹《ひ》かれ、小久保さんは自宅にある物干しざおを交換することにしました。さっそく車を呼び止めて、「さおだけを2本ください」と頼んだところ、さおだけ屋は、手際《てぎわ》よく物干しざおを2本取りだし、小久保さんの庭にある物干し台に取りつけました。

小久保さんは自動車の運転免許をもっておらず大型の買い物に自力で行くことができなかったため、「買いに行く手間が省《はぶ》けた」と喜びました。

そうしてお金を払おうとして、小久保さんは2000円を業者に渡そうとしました。音声案内では「2本でイチキュッパ」という案内をしており、1980円だと思っていたからです。

ところが業者にいわれた内容は、あまりにも想定外なものでした。

「奥さん、イチキュッパというのは、1万9800円のことだよ。2000円じゃ足りないよ」

小久保さんは、「あの音声の言い方からすれば1980円と思うのが普通じゃない、おかしいわよ」と抗議しましたが、「それはお客さんが勝手に勘違《かんちが》いしたんでしょ。うちは何ひとつウソはいってないよ」といってまけようとしません。

そこで小久保さんが「それならいらないから引きとってちょうだい」というと、「もうお宅の物干し台に設置しちゃったから、引きとれない。保護用のビニールもとってしまったので他で売れない」といって返品にも応じませんでした。

しばらく交渉しても平行線をたどってしまったため、小久保さんはやむなく1万9800円を支払ってしまいました。

後日、近くのホームセンターへ夫の車で行ってみると、まったく同じ物干しざおがなんと1000円程度で売られています。

小久保さんは、イチキュッパを安易に考えてはいけなかったと反省しました。

どうすればよかったか

さおだけ屋とのトラブルでは、このケースのように、イチキュッパと呼びこみながら実際には1万9800円という高額な代金を請求するトラブル事例が報告されています。

さおだけ屋の販売方法では、値札などを見ることなく購入することがあるため、このようなトラブルが発生します。実店舗を構えるお店と異なり、こういったさおだけ屋では、移動販売が中心であるため、被害を受けたとしてもその回復を要求する相手が所在不明になってしまうというリスクがあります。

なによりも知らない業者に声をかけないようにする、というのがいちばんの予防策です。

タダより高いものはない不要品回収の落とし穴

70代の飛田金子さんは、郊外で夫とふたり一戸建てに住んでいましたが、長年連れ添った夫が、病《やまい》に倒れ亡くなってしまいました。

慌《あわ》ただしくお葬式などをすませ落ち着くと、故人である夫の荷物を整理することになりました。夫は趣味が多く、たくさんの物が家に置いてあり、飛田さんひとりでは処理ができません。子どもたちも遠方に住んでいるため、協力してもらうことができません。

ちょうどそのとき、飛田さんの家の郵便受けに「遺品回収　見積もり無料　粗大ごみ室内一斉清掃はおまかせください！」というチラシが入っていることに気がつきました。

「ちょうどよかった」飛田さんはそう思い、見積もりを頼むことにしました。

さっそく業者の男性が家に上がりこみ、なにやら夫の遺品を確認して見積もりをしてくれました。すると「全部で15万円でできそうですね」といいます。しかし見積書をくれることはなく、口頭で値段をいうだけでした。飛田さんは、それが高いのか安いのかわかりませんでしたが、他に探すのも面倒だと思い、依頼することにしました。

後日業者がやってきて、次々と荷物を業者のトラックに積んでいきました。運搬については、とくに問題はありませんでしたが、問題は積みこみ作業が終了した後です。

なんとその業者の男性が、「いや、積みこんでみたら意外と量が多くてたいへんでした。料金は30万円になります」と、見積もりの費用の倍額を提示してきたのです。

「それでは見積もりの意味がないじゃないですか」と飛田さんは抗議をしましたが、業者は耳を貸そうともしません。「最終的な金額は、積みこんでからの判断になりますといってあります」などと平気でウソをいいます。

最終的に飛田さんが「そんな金額ならおたくには頼みません」というと、なんと業者は「じゃあ自分で全部荷物をトラックから運んでください。うちは一切手を貸しません」という始末です。そういわれては何もできず、飛田さんは泣く泣く30万円を支払うしかありませんでした。

その数日後、飛田さんのところに警察から電話がありました。内容は、飛田さんの夫の名前と住所が書いてある自転車が放置されている、ということでした。

業者が引き取った荷物の中には夫が生前使用していた自転車もあり、どうやら業者はそれを不法投棄したようなのです。もはや飛田さんは業者に対する怒りを通りこし、あきれるしかありませんでした……。

どうすればよかったか

最近、ゴミ回収や遺品整理をうたうチラシが自宅に入るということが多くなっています。そういった業者のすべてがそうだというわけではありませんが、なかには飛田さんの例のような悪質な業者がいることがあります。

そういった業者は、見積もりを出さなかったり、荷物積みこみ後に高額の請求をするなど、料金をめぐってトラブルとなることが多くあります。

ゴミの処理については、可能な限り業者より行政機関を利用したほうが間違いないでしょう。ただし、自分でゴミ集積所まで運べないものについては、信頼できる業者を調べて依頼するようにしてください。

定年後に一見おいしそうな内職商法

吉村義光さん（60歳）は、それまで運送会社のドライバーとして働いていましたが、定年退職になりました。家族は妻だけでしたが、少しでも老後の生活を安定させたいと思い、定年後もできる仕事はないか探していました。

そんなとき、ネットの広告で気になる内容を見つけました。その会社と契約をしたうえ、小型自動車で個人事業主として荷物の配送をすると月額20万円以上の収入が確保されるというのです。配送業であれば、いままでの経験を生かすことができると考えて、吉村さんは、さっそくその会社がおこなっている契約説明会に参加することにしました。

小さなビルの一室で、担当者からさまざまな説明を受けました。担当者の男性の説明したところによると、その会社はたくさんの通信販売会社と契約をしており、荷物配送の仕事が安定的にあるということでした。そのため、仕事がないということはなさそうでしたが、問題は契約をするためには、その業者が指定する販売会社から小型自動車と設備一式を購入しなければならないということでした。その額２００万円と、安い値段ではありません。

吉村さんは迷いましたが、契約さえできれば仕事をして元手を取り返すことができると考え、少ない退職金のほとんどをつぎこんで自動車を購入することにしました。

無事契約と代金の支払いを終え、さっそく仕事をはじめようとしました。しかし、最初の3ヵ月は「ならし期間」であり、信用を積みあげるための期間としてほとんど配送の仕事はありませんでした。この契約では、ガソリン代や車検代、車の修理代などはすべて吉村さん側の負担となっていたため、3ヵ月間は赤字が続きました。

ようやくならし期間が過ぎて、本格的に仕事ができると思っていましたが、業者から紹介される仕事の量は以前とかわりません。

依頼される仕事も極端に遠方の土地への配送であり、ガソリン代などを考えると到底儲《もう》かる仕事ではありません。老後の貯金が減る一方です。

業者に対して「仕事をもっと増やしてほしい」と交渉しましたが、「来月から増える見込みがある」などという、その場しのぎの回答が続くばかりでらちがあきません。

そこで、吉村さんは、契約を終了し購入した車両を売却して少しでも損を取り戻そうと考えました。しかし、いざ売却の見積もりをとってみると、荷物運送用に車内を改造しており、購入金額の5分の1以下でしか売れないことがわかりました。

また、中古車業者の話から、200万円という購入代金も相場よりかなり高い値段であることもわかりました。この一件で吉村さんは退職金のほとんどを失う結果になりました。

どうすればよかったか

このように、一定の仕事で稼げることをエサにして、教材や仕事道具などを高額で買わせる商法を内職商法などと呼んだりします。

吉村さんの例でもわかるように、こういった商法では、実際に仕事が発生してそのためにかけた費用以上に稼げるということはほとんどありません。

「稼ぐためにお金を使わなければいけない」という時点で、怪《あや》しいという感覚をもつべきでしょう。とくに吉村さんのような宅配ビジネスでは被害額が高額になるので注意が必要です。

年金生活者がなぜ着物に６００万円を支払うまでになったか

田坂樹子さん（79歳）は、数年前に夫に先立たれ、子どもたちは独立して家を出ているため、ひとりで寂しい毎日を過ごしている年金生活者です。

ある日、若い男性が自宅を訪ねてきました。なんでも着物販売の営業のようでしたが、強く着物の売りこみをするようなことはなく、田坂さんと世間話をして帰っていきました。そしてその後も、たびたび田坂さんの家を訪れては世間話だけをして帰っていきます。

田坂さんは最初こそ、着物を売りつけられるのではないかと心配していましたが、だんだんと警戒心がなくなっていき、いまではその男性と世間話をすることが楽しみで、「今日は来るか、明日は来るか」と楽しみに待つようになりました。

すっかり打ち解けたある日、男性は、いつものように世間話をしたあと、「うちのお店で展示会をすることになりました。買わなくていいから一度見るだけ見に来てください」と切りだしたのです。そのときにはすっかり警戒心をなくしていた田坂さんは、見るだけのつもりでその展示会に行くことにしました。

あまり着物に興味はなかったため、ひととおり見て帰ろうとしたところ、いつもの男性が話しかけてきて店の奥に案内されました。そして男性から「今月は着物販売のノルマがこなせなくてつらい。お願いだから1着だけ買ってくれないか」と懇願《こんがん》されたのです。

いつも世間話につきあってくれている手前、助けてあげたいと思いつつ、田坂さんが困っていると、奥から男性の上司が出てきてセールストークをくり広げます。それでも迷っていると、さらに部長や専務と名乗る従業員が出てきます。最終的に田坂さんは4人の従業員から、着物購入の勧誘を受けてしまいました。田坂さんは、絶対に買わずには帰さないという店員の気迫と男性従業員からの懇願に負けて、とうとう150万円もする着物の購入契約をしてしまいました。

その後しばらくすると、また男性が家に来て、購入してくれたお礼をいうとともに世間話をして帰っていきます。それが続くとまた展示会の話になり、田坂さんは同じように展示会に参加し着物を買ってしまいます。

あるとき息子一家が家に遊びにきた際、見慣れぬ着物があることに気づきました。息子の指摘によって、それまでに田坂さんが購入した着物が合計600万円にもなっていたことがわかりました。田坂さんは自分がとんでもないことをしたことに改めて気がついたのです。

どうすればよかったか

高齢者を対象とした訪問販売では、当初は物品の販売目的を隠して近づき、その後信頼関係を築いたうえで高額な物品購入をおこなわせるという手法がよく使われます。こういった手法では、高齢者の孤独につけこみ、巧妙《こうみょう》に購入させることがあります。

田坂さんのように、訪問販売ではなく自分の意思《いし》で販売会場に行った場合には、特定商取引法の訪問販売には該当せず、クーリングオフなどができないことが多いでしょう。しかし、「購入するまで帰さない」などといい、契約者の意思に反して購入を迫った場合などには、消費者契約法の規定により契約を取り消せる場合があります。

原野商法の被害にあった人が狙われている二次被害詐欺

門田栄一さん（80歳）は、悠々自適の生活を送っていましたが、あるとき自宅にいると、男性から電話がかかってきました。その内容は、「昔、門田さんが購入した山間部の土地を買いとる代わりに、別の土地を買わないか」というものでした。

実は、門田さんがもっていた山間部の土地は、いまから40年近くも前に、いわゆる原野《げんや》商法にひっかかり購入してしまった土地でした。

原野商法というのは、「将来開発されるので必ず儲かります」などの勧誘文句で、価値がほとんどない土地を高値で買わせるという手口の詐欺行為です。

門田さんは、現在は生活費の心配をする必要はない程度の資産がありましたが、唯一、この原野商法で自分名義となっている土地だけが心残りでした。というのは、その土地はわずかではありましたが、毎年固定資産税を支払う必要があり、自分が死んだとき、その土地が子どもたちに相続され、迷惑をかけるのではないかと思っていたからです。

そのため、その土地を買いとってくれるというのはとても魅力的な話に感じられたのです。

そこで男性に直接会うことにして、話を聞きました。

男性は、「当社は不動産会社をしています。独自の販売ルートがありますので、山間部の不動産でも売却することができます」と土地を買いとる理由を説明しました。

さらに、「ただし、門田さんがおもちの土地の売却利益だけでは利幅が少なくて社内的に買いとりができない。一緒に当社がすすめる土地を購入してくれれば、買いとりが可能だ」と提案してきます。そして、「ここだけの話ですが、新しくオススメする土地は、いま全国的に話題になっている太陽光発電に適した土地で、大手太陽光発電会社が近々そのあたり一帯を買い占める計画になっている」と、新しい土地をすすめる理由を力説してくるのです。

太陽光発電に関するデータや、その土地の日照時間データ等、たくさんの資料を持参して説明します。

門田さんは、「あの土地を買いとってくれるのはありがたい。また新しい土地も話を聞く限りは損はなさそうだ」と考え、もっていた土地の売却代金と新しい土地の購入代金差額２００万円を業者に支払ってしまいました。

しかし、新しい土地が太陽光発電会社に買われるという話はいっこうにありません。門田さんは「まただまされたのではないか」と、今度は新しい土地の処分について悩みをかかえることになってしまいました。

どうすればよかったか

国民生活センターの調査によると、原野商法の被害者から寄せられた二次被害の相談件数は２０１３年度には１０４８件で過去最多となり、２０１４年度も10月末時点で前年同時期相談件数を１割以上、上回る数となっているそうです。

原野商法は30〜40年前に被害が相次いだため、その被害者が現在高齢者になり、それが二次被害増加の原因とされています。

原野商法の被害者が、多かれ少なかれ原野商法で取得した土地の処分に困っており、そこにつけこむのが二次被害詐欺の特徴です。おいしい話が向こうから来ることはない、という原則を頭に入れ、だまされないようにしてください。

家のリフォーム工事も詐欺の温床

60代後半の荒川岳さんは、都内に小さいながらも一戸建ての家をもち、妻とふたりで生活しています。

あるとき庭で掃除をしていると、工務店の作業着を着た男性が声をかけてきました。

「こんにちは、私はこの近くでリフォーム業をしている会社の者です。見かけたところによると、お宅の屋根瓦《やねがわら》がずれているように見えるのですが、ちょっと見ましょうか？　見るだけなら無料でやりますので」

突然声をかけてきた男性に驚きつつ、荒川さんは「無料なら」と思い、見てもらうことにしました。荒川さんは、長年勤めた会社を退職し老後生活を送っていましたが、この家に死ぬまで住み続けられるだろうかという漠然とした不安をかかえていました。

業者の男性はすぐに屋根の上にのぼり、なにか確認してから降りてきました。そして「やっぱり屋根瓦の一部が壊れて隙間《すきま》ができていました。このままじゃ、すぐにでも雨漏《あまも》りする可能性があります。今日ウチのお店はたまたま工事が入っていないのですぐに修理工事ができますが、どうですか？　ご近所ということもありますし、代金は3万円でいいですよ」といってきたのです。

荒川さんは、雨漏りの可能性がある、といわれたことから不安になり、3万円ならまあいいかと思い、頼むことにしました。

業者の男性はすぐにどこかに電話をして材料を運ばせ、工事に取りかかりました。しばらく作業をしていて、それが終わりました。荒川さんが、これで雨漏りの心配がなくなったと安心していたところ、男性がまた荒川さんを不安にさせることをいいます。

「工事をしていてわかりましたが、やはりすでに雨漏りをしていて、屋根の木材がかなり腐食《ふしょく》しています。このままだと屋根が落ちる可能性がありますよ」というのです。そして、「改めて当社と契約してリフォームしましょう。いまならキャンペーン価格でできますから」と再度リフォーム工事をすすめてくるのです。

荒川さんは、何度も業者の男性から不安なことをいわれ、とうとう契約してしまいます。

それ以降も、この業者が工事をするたびに、新しい修理点が見つかり、荒川さんは業者のいうがままに契約をしてしまいました。結果、わずか3ヵ月で10件ものリフォームをする結果になってしまったのです。

さすがにこれはおかしいと荒川さんが気づき、別の工務店に見てもらったところ、荒川さんが契約したリフォーム工事のほとんどがする必要のないものであることがわかりました。

どうすればよかったか

荒川さんのケースはいわゆるリフォーム詐欺と呼ばれています。

頼まれてもいないのに、家のチェックや点検などをおこない、不必要だったり異常に高額な工事をするのです。リフォーム詐欺業者は、一般市民が必要なリフォームについての知識がないことを利用して人をだまします。

ですから、リフォーム詐欺らしい業者がいたら、絶対に即決せず、必ず他の業者にも見てもらい、本当に工事が必要な状況かどうかを確認することが必要です。

身に覚えがないのに会員に?「無料登録」の罠

前川幸彦さんは60代半ば。定年退職し、経済的には余裕のある生活を送っていますが、数年前に妻を病気で亡くし、男ひとりの暮らしをしていました。

余生をひとり身で過ごすのは寂しいと思い、インターネットの出会い系サイトを利用しようと考えました。

いろいろと探してみましたが、あるとき60歳以上の高齢者を対象とした出会い系サイトがあるのを見つけました。60歳以上限定であれば相手が見つかる可能性は高いと考えて、さっそく利用してみることにしました。

サイト上では、「登録無料」と書かれており、試してみてダメでも惜《お》しくないことも前川さんが利用しようと考えた大きな理由の一つでした。

登録してしばらく使ってみましたが、サクラやひやかしで登録している女性ばかりで、ほかには男性が多く、まったく出会うことはできませんでした。「これは失敗だった」と思いながら、前川さんは使うのを中止するようになりました。

使うのをやめてから半年ほど経過したとき、突然自宅に「会費支払い請求書」という封書が届きました。中身を開けて見てみると、なんとその出会い系サイトの運営会社から、半年分の会費18万円を支払うようにという請求書であることがわかりました。

会費を支払わなければならない覚えがなかったため、前川さんは運営会社に連絡しました。運営会社の担当者は「半年前に、当社の規約に同意したうえ会員になっている。当社の規約によれば、登録すると1ヵ月3万円の会員費用が発生すると書いてあります」というではありませんか。

前川さんは「そんなものはウソだ。登録するときに、〝登録無料〟と書いてあったはずだ」と抗議しましたが、担当者は「それは〝登録〟にかかる登録費用が無料というだけです。会費は別に発生します」と回答し、一切抗議を受けつけようとしません。

「このまま支払っていただけないのであれば、裁判を起こすしかありません。そうなれば公開の法廷で裁判となりますので、前川さんがサイトに登録したことが周囲にわかってしまいますよ」と担当者は前川さんに対して、常に強気の態度をとり続けています。

こんなことで裁判を起こされたらたまらないと考え、前川さんは会費を支払わざるをえませんでした……。

インターネットが普及した現在、高齢者の方でもインターネットなどを積極的に利用する方は多くいます。

そのような方々に注意していただきたいのが、前川さんのような身に覚えのない会費などの請求詐欺です。とくに出会い系やアダルトサイトなど、トラブルになった際に周囲の人に知られたくないサイトを利用したときに多い傾向があります。

まったく根拠のない請求であれば、たいていの場合には無視をしていれば請求がやんでしまいます。しかし前川さんのケースのような場合、訴訟《そしょう》などに発展してしまう可能性はありえます。

怪しいサイトには一切立ち寄らないというのが、いちばんの予防策になるでしょう。

「定年後の田舎暮らし」狙われる高齢者の夢

60代後半の杉村英之さんは長年、中小企業に勤務し、つい最近定年退職したばかりです。杉村さんは、定年後は大好きな畑仕事に打ちこめるような田舎で暮らすことを夢見ていました。

退職金が手に入った杉村さんは、さっそく田舎に土地を購入することにしました。海を眺めることも好きだったため、海沿いに適した土地がないかどうかを探すことにしました。

しばらくすると、とある田舎の不動産会社からダイレクトメールがあり、中に杉村さんの希望どおりの土地が紹介されていたため問い合わせをしてみることにしました。

現地を見にいき、不動産会社のセールスマンと話をすると、「この土地はとってもお買い得です。いまは、公共の交通機関がないためとても値段が安くなっているのですが、実は近々バスが近くに止まることが決まっています。また、電車も路線が延長され、徒歩5分以内に駅ができる予定です」というのです。

杉村さんは、車の免許をもっていなかったため、交通の便が悪いことだけが気になっていましたが、このセールスマンの話を聞いて、「それならば」と思い、購入することにしました。購入価格は５００万円でした。また、1年分の管理費用がかかるということで管理料として50万円も追加で支払うことになりました。

その後1年が経ちました。杉村さんは、バスが開通してから引っ越しをしようと考えていましたが、いっこうにバスが開通するという連絡がありません。不審《ふしん》に思って不動産会社に相談しても、話をはぐらかすだけでらちがあきません。このままでは話がすすまないと考えた杉村さんは、この土地を売却し、別の不動産を購入することにし、不動産会社に売却を依頼しました。

すると、売却には下草を除去する必要がありその費用50万円が必要といわれてしまいました。また広告代として30万円も必要だというのです。「あまりに高すぎる」と抗議しても、「では、うちでは扱えません」というばかりです。杉村さんは納得いきませんでしたが、他に扱ってくれる不動産会社がなく、やむなく費用を支払わざるをえませんでした。

その後売れたものの、なんと購入額の1割の50万円。杉村さんが調べたところ、その土地の価格はもともとその程度で、最初から法外な値段で業者に売りつけられていたことにはじめて気がついたのでした。

どうすればよかったか

価値の低い不動産を高額で売る行為は、現代版の原野商法といえるかもしれません。不当な価格で購入してしまったことの原因の一つは、杉村さんが最初の段階で、土地の価格について充分に調べなかったことにあります。とはいえ、いちばん悪質なのは、「近くに交通手段ができて価値があがる」といった業者です。

このような、消費者に有利となる断定的な判断をした場合、状況により消費者契約法によって契約を取り消すことができる場合もありますので、検討が必要です。

このままでは電話が使えなくなる？　電話機リース商法

赤石正巳さん（75歳）は、自宅でひっそりと司法書士の仕事をしている自営業者です。若いころとは違い体力がなくなってきていたため、司法書士の本業はあまりしておらず、昔からの知り合いからの依頼だけをほそぼそと処理しているような毎日でした。

あるとき、自宅兼事務所に、電話機販売会社を名乗るセールスマンがやってきました。なんでも、お宅の事務所の電話機をリース契約に切り替えて、電話機もすべて新しくしませんかというのです。

機械オンチだった赤石さんは、セールスマンが何をいっているのかよくわかりません。しかし、セールスマンは、「いまのままこの電話機を使っていると、そのうち通話ができないようになる」と脅すような言い方をするのです。いくらあまり仕事をしていないとはいえ、電話機が使えなくなっては困ります。

焦《あせ》った赤石さんに、セールスマンはさらに畳《たた》みかけます。「いまならリース契約をすることで月々の負担を軽くしながら、新機種に電話機を切り替えることができます」「先生は事業者ですから、リース料は全額経費にできて便利ですよ」「月々の費用も安くなります」などなど、電話機をリースにすることのメリットをずらずらと並べてきます。

赤石さんは、「なんだかよくわからないけど、電話機が今後も使え、しかも料金が安くなるならまあいいか」と思い、リース契約をしてしまいました。親機が1台と子機が2台です。

その後、はじめてリース費用の請求書がきてびっくり、なんと毎月5万円近くの費用になっていました。改めて契約書を見ると契約は5年間になっており、総額で３００万円もの支払いだったのです。

慌ててその販売会社に連絡し、解約をするように申し出ますが、「リース契約は、リース会社と赤石さんの契約なので、うちは関係ありません」と相手にしてくれません。また「リース契約は、5年の契約期間中は解約できないことになっていますよ。どうしても解約するなら、期間が終わるまでのリース代金を全額支払ってもらう必要があります」というのです。

たしかに契約書にそのようなことが書いてありましたが、裏面に小さな文字でびっしりと書かれており、契約時にはまったく気がつきませんでした。

また赤石さんが、他の電話機販売業者に確認したところ、赤石さんがリース契約をした電話機は1台2万円もあれば購入ができたものだということがわかりました。赤石さんは、販売会社のセールストークにまんまとだまされていたことにようやく気がつきました。

どうすればよかったか

赤石さんのように、中小零細企業の事業主に対して、高額な電話機のリース契約をもちかけるという悪質商法が存在します。こういった商法では、高齢事業者の知識の少なさにつけこんで、不必要な高額電話機リース契約を結ばせます。

このような被害にあった場合、事業者として契約したとしても、場合によっては消費者と同視することができ、クーリングオフが可能になることもあります。ケースバイケースですので、専門家への相談が必要です。

「結構です」で契約は成立するのか

田所茂子さん（62歳）が自宅で過ごしていると、固定電話に電話がありました。聞き覚えのない声の女性が相手でしたが、よくよく話を聞くと、英会話の学習ＣＤセットのセールスのようでした。「これからの時代、英語ができなければ、時代に置いていかれると思いませんか？　ぜひこの機会に英語を学んでみませんか」などとしつこく勧誘してきます。

田所さんは、最初は少し話を聞いていましたが、高額な英語教材のセールス販売であることがわかると、早く電話を切りたくてわざと冷たい態度をとるようにしていました。しかし、相手はそんな態度にはなれているようで、いっこうに話をやめようとしません。

話が小一時間にもわたると、いい加減にしてほしいと感じた田所さんは、相手が「ぜひ購入されませんか」といってきた際、大声で「結構です」と返し、すぐに電話を切ってしまいました。

そうしてしばらく時間があき、不快な電話勧誘があったことなど忘れかけていたころ、突然自宅に大きな段ボール箱が送られてきました。

送付元を見てもまったく心当たりがありません。不審に思いながら開封してみると、大量の英語教材のＣＤだったのです。一緒に80万円もの高額な請求書が同封されており、1週間後にお支払いください、と書いてあります。

田所さんは、先日の電話を思いだし、抗議するために送付元の連絡先に電話をしました。

そうしたところ電話に出たのは、先日の感じのいい女性ではなく、ドスのきいた低い声の男性でした。田所さんは一瞬怯《ひる》みましたが、「先日家にCDが送られてきたが、購入した覚えはない、すぐに引きとりに来てほしい」と伝えました。

そうしたところ男性は、「あなたは、当社女性オペレーターから、〝購入されませんか〟といわれ〝結構です〟と回答しています。〝結構〟という日本語は、相手のいうことを承諾したという意味です。だからあなたは契約しているのです」といったのです。

田所さんは、「結構という言葉は、〝いらない〟という意味だ」と反論しましたが、男性は「結構は了解したという意味だ。うちは会話をすべて録音している。出るところに出てもいい、裁判をやってもこちらには証拠があるから絶対に敗けない」といって引きません。田所さんは途方にくれてしまいました。

どうすればよかったか

結論からいって、「結構です」といったからといって、それだけで契約が成立することは原則的にありません。法律では、当事者の双方《そうほう》の意思が合わさってはじめて契約が成立するのであり、意思が合わさったといえるかどうかは、「結構です」という言葉だけではなく契約全体の流れから判断されるからです。

「録音があるから絶対に勝てる」というのも業者が勝手にいっているだけです。もっとも、「結構です」という言葉に曖昧《あいまい》さがあることは事実ですので、商品が不要な場合には「いらない」と明確に意思を示すことが必要です。

レンタルＤＶＤの延滞料金20万円！　支払う必要はある？

福原文雄さん（65歳）は、勤めていた会社を定年退職し、いまは年金生活です。

福原さんは会社員時代から、つましく生活していました。唯一の趣味は映画鑑賞。映画館に行くこともたまにはありましたが、たいていは安くてすむレンタルＤＶＤで映画を観ていました。あるとき、いつも借りているレンタル店から「警告」と真っ赤な字で書かれた手紙が届きました。「なんだろう」と思って見てみると、福原さんにとって驚くべき内容が書かれていました。

「貴殿は、平成○年○月○日、当社○○店において、タイトル『○○』という映画ＤＶＤを借り受けましたが、現在に至るまで返却されておりません。

つきましては、規約に基づいてＤＶＤ本体代金５０００円、及び一日あたり３００円の遅延《ちえん》損害金21万９０００円（遅延期間2年〔７３０日〕×３００円）を直《ただ》ちにお支払いください。

支払いがない場合には直ちに訴訟を提起しますので、その点ご了解ください」

福原さんは、この手紙を見てびっくり。必死で、部屋の中を探してみたところ、たしかに２年前に借りっぱなしで忘れていたＤＶＤがありました。

しかし年金生活の福原さんに約20万円もの大金を支払うことはできません。どうにかならないかレンタルビデオ店を訪れました。

しかし、ビデオ店の店員は、「規約に書いてあるから」の一点張りで、まったく福原さんのいうことを聞いてくれません。

福原さんはせめて、満額ではなく半分でもいいから金額を下げてくれないかと交渉もしてみましたが、まったく聞き入れてくれることはありませんでした。

福原さんは、ビデオ店に入会するとき、返却が遅れた場合にはどのような損害金が発生するのか説明を受けたことはありません。また、この2年間で一度もお店のほうからＤＶＤの返却をうながされたこともありません。それにもかかわらず、いわれるまま延滞料金を支払わなければならないのか疑問でいっぱいです。

どうすればよかったか

福原さんのケースでは、規約にはお店の請求する内容どおりの規定があり、一見するとお店側のいっていることは正しいようにも思えます。しかし結論からいえば、たとえ2年という長期間返却をしていなかったとしても、約20万円もの金額を支払う必要はないでしょう。

というのも、法律上は実際に損害が発生した金額しか請求することはできないからです。仮に当初の約束どおりにＤＶＤが返却されたとしても、お店が毎日３００円でそのＤＶＤをレンタルできたわけではありません。

映画ＤＶＤはよほどのヒット作でもない限り、すぐに人気はなくなります。この場合には、せいぜいそのＤＶＤの購入代金程度に損害は限られるでしょう。

あなたの俳句を新聞に掲載するので、と掲載料詐欺

大橋西子さん（80歳）は、年金生活をしながら静かに暮らしていました。唯一の趣味は俳句、近所の俳句仲間とサークルをつくって毎週1回の俳句会に参加することでした。

あるとき自宅に突然電話がかかってきました。なんでも「○○メディア」という会社で、某有名新聞社の子会社であるとのこと。内容は、大橋さんのつくった俳句を新聞に掲載してもよいかというものでした。

「○○公民館に掲示してあるあなたの俳句を見ました。素晴らしい出来ですね。きっと新聞に掲載すれば、ファンが生まれると思いますよ」と褒《ほ》めちぎります。たしかに大橋さんは、俳句会でつくった句を定期的に公民館の掲示コーナーに掲載していたのです。

最初は大橋さんも不審に感じていましたが、あまりにも電話の主が自分の俳句を褒めちぎってくれるため、「これは本当に、私の俳句のよさをわかってくれる人が現れたんだわ！」と思うよ

うになりました。

しかしその男性は、大橋さんの俳句を褒めちぎった後、「実は、当然無料で掲載するのが基本なのですが、今回大橋さんははじめての掲載になるため、どうしても掲載料が必要になってしまいます。20万円ほどなのですが、一度掲載されてしまえば二度目は不要になるため、今回だけご了解いただけますでしょうか」といってきたのです。

無料が当然だと思っていた大橋さんは、有料だと聞いて驚きます。掲載を躊躇《ちゅうちょ》しましたが、結局は男性の褒め言葉にのせられてしまい、契約することに同意してしまいます。

数日後、友人にそのことを話すと「だまされているにちがいない」といわれ目が覚めました。そこですぐに電話連絡をし、掲載のキャンセルを申し出ましたが、男性は「すでに掲載することを前提に紙面を押さえてしまっている。いまから解約すると紙面に穴があいてしまうのでキャンセルできない」といわれてしまったのです。

大橋さんは、他人に強く出ることができない性格であるため、それ以上抗議することができず、とうとう支払いをしてしまいました。

後日、大橋さんは、今日は載っているかと毎日、新聞をチェックしましたが、いつまでたっても掲載されることはありませんでした……。

どうすればよかったか

このように、俳句や川柳などの作品を新聞や雑誌に載せるという名目で金銭を請求するトラブルが過去に多く報告されています。

こういったトラブルの被害者になるのは高齢者です。なぜなら高齢者ほど新聞や雑誌といった紙媒体のメディアには「間違いがない」という信頼をもっているからです。

トラブルに巻きこまれないためには、まず、新聞社にお金を支払って掲載をしてもらうというのは広告や詐欺以外には通常ありえないということをしっかりと認識しておくべきです。そのうえで、このようなトラブルでは相手が自分のことを異常にもちあげ褒め称《たた》えてくるので、過剰な褒め言葉は危険のサインであると知っておきましょう。

子どもの「婚活」に走る親に結婚紹介サービス業者の魔の手

福山愛子さん（69歳）は、夫と未婚の息子の３人暮らしです。息子は今年40歳ですが、彼女もおらず、まったく結婚に縁《えん》がない様子。福山さんとしては、なんとか息子に結婚してもらい、元気なうちに孫の顔が見たいと毎日のように夫と話をしています。

あるとき、テレビで結婚紹介サービスが取りあげられているのを見た福山さんは、これだと思い、息子に黙って話だけでも聞いてみようと、ある結婚紹介サービスに連絡をしました。

そうしたところ、「お母さんだけでも来てください」といわれ、店舗を訪れることになりました。そこでは、その結婚紹介サービス業者の社長が直々《じきじき》に福山さんとの面談にあたり、「子どもが無事に結婚できるようにするのは親の義務」「いますぐ動かないと取り返しのつかないことになる」といって、強く紹介サービスへの加入をすすめてきました。

福山さんはすっかりその気になり、加入することにしました。その結婚紹介サービスのシステムでは、2年間の契約期間中総額80万円の費用がかかり、2年間以内であれば無制限に女性の紹介を受けられるということでした。福山さんは「少し高いかな」と思いつつ、「息子に結婚相手が見つかるのなら」という思いから契約することにしました。

帰宅して息子に話をすると、息子はあまりいい顔はしませんでしたが、紹介は受けるということで、さっそく店舗に通い、結婚相手を探しはじめました。

しかし、1ヵ月たっても1人の紹介も受けていません。息子に確認しても、「いっこうに紹介会社から連絡がない」ということでした。

その後また1ヵ月が経過しても紹介がないため、福山さんが会社に確認したところ、「意向が合う人がいないのでもう少し待ってほしい」という回答でした。さらに1ヵ月経過して、ようやく1人了解を得ることができました。

さっそく息子が女性と会ったところ、その女性から「自分はサクラなので結婚する気はない」との発言があったのです。息子は、「母さんの紹介した会社はろくなところじゃない！」と怒ってしまい、福山さんと口をきこうとしなくなりました。

福山さんは、これでは意味がないと思い、その会社との契約を解除することにしました。しかし、そのときの精算書を見て驚きます。

解除しても、登録料・システム使用料・写真撮影料・プロフィール作成料などの名目でさまざまな費用が引かれ、返ってきたのはわずか10万円程度だったのです。わずか3ヵ月の利用で紹介も1人しか受けていないのにあまりにも返金額が少なく、憤《いきどお》りを感じざるをえませんでした。

どうすればよかったか

近年の「婚活」ブームに乗じて結婚紹介サービスが拡充していますが、それにともないトラブルが発生することも少なくないようです。

継続的な契約をおこなう結婚紹介サービスは、特定商取引法の規制対象となります。そのため中途解約時の違約金の金額については一定の上限があり、その上限を超えるような違約金を定めてもそれは無効となります。解約にあたっては、この違約金上限を超えていないかの確認が必要です。

高額でも血圧が下がるなら喜んでだまされる人たち

川崎好子さんは60代後半、夫とふたりで一軒家に住んでいる専業主婦です。65歳を過ぎたころから、昔から高かった血圧の値がさらに高くなり、医師から指導を受けるまでになっていることが唯一の悩みでした。

あるとき、自宅の郵便ポストに気になるチラシが入っていました。「クロレラ入り特製青汁」の宣伝チラシです。詳しく見ると、「高血圧が改善します！」という宣伝文句に続き、実際の使用者の体験談として、「高血圧がみるみるうちに治《なお》りました」という記載もありました。

高血圧に悩みつつ、なるべく薬に頼りたくないと思っていた川崎さんは、さっそく試してみようと思い「1ヵ月分無料お試し」に申し込むべく電話をし、住所などを教えました。

すると、てっきり商品だけが送られてくると思ったのですが、数日後、そのチラシの会社のセールスマンが自宅を訪問してきました。名目は、1ヵ月分の試供品を持参したということでしたが、家に上がりこんで長いセールストークをはじめ、川崎さんはすっかり「高血圧に効果がある」というセールストークを信じこんでしまいました。

そして、「1ヵ月の試供期間だけでは効果は出ない。最低でも1年間は飲み続けないと効果がありません。実際に、血圧が下がった人は2年間飲み続けて効果が出ているのです」とそのセールスマンがいったため、1年分24ケースで48万円もする青汁セットを購入してしまったのです。

川崎さんが、血圧が下がると信じて青汁を飲み続けていたところへ、川崎さんの娘さんが孫と一緒に遊びにきました。そこで、娘さんが台所に置いてある大量の青汁に気がつきました。

娘さんは、大量の青汁の存在に不審感を抱き、インターネットでその製品と販売会社を調べたところ、効果のない青汁を不当に高い価格で売りつけることで有名な会社が販売しているものであることがわかりました。

娘さんは、すぐにそのことを川崎さんに知らせましたが、川崎さんはまったく娘さんの話を聞こうとしません。それどころか、「これすごくいいわよ、血圧が下がっている気がするの。また追加で頼もうと思っているわ」などと、さらに購入しようとしているのです。

その後も娘さんが説得を続けましたが、川崎さんはいっこうに信じません。娘さんの目には、川崎さんが自分の意思で喜んでだまされているように見えました……。

どうすればよかったか

健康に不安をかかえていることが多い高齢者にとって、「○○に効果がある！」などと、病気への治療効果をうたう宣伝文句はとても魅力的に感じられます。

しかし、医薬品に該当しない青汁のような製品について、あたかも医薬的効果があるように宣伝する行為は薬事法に違反する行為です。

さらに、今回のケースでは、一度に１年分もの大量の製品を購入させており、特定商取引法で禁止される過量販売に該当する可能性があります。

この場合、１年以内であれば契約を解除でき、すでに使用してしまった分についても支払いをする必要がありません。

第３章

おカネのだまし犯罪

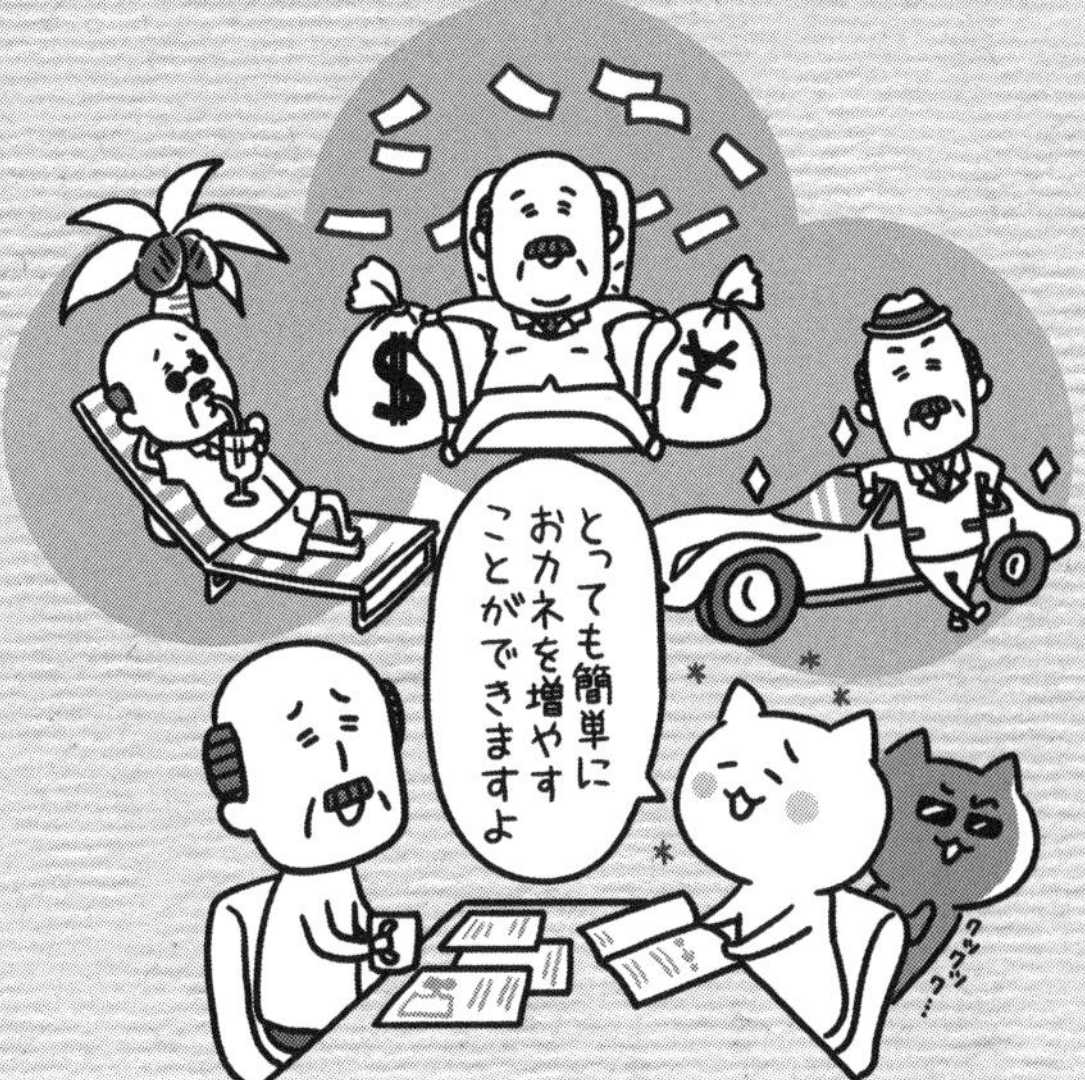
とっても簡単におカネを増やすことができますよ

資産運用を考えている人へ、要注意な社債

上野栄作さん（66歳）は、一部上場企業に勤めていましたが、つい先日定年退職になり、年金暮らしを始めたところでした。退職にあたって、2000万円もの退職金を受けとりましたが、現役時代、仕事一筋で資産運用などは一切勉強したことがありませんでした。しかし、退職金をただ銀行に入れているだけではもったいないと、いい投資先を探していたところでした。

そんなとき自宅に、突然電話がかかってきました。それは「株式会社○○債権《さいけん》買取センター担当の○○です」と、聞いたこともない男性からの電話でした。

その男性は「上野様は、株式会社ワールド○○社の社債《しゃさい》をおもちではないでしょうか？　同社の社債は今後価値が大幅にあがることが予想されますので、おもちであれば当社が5倍の価格で買いとらせていただきます」と矢継ぎ早にいってきました。

上野さんは、株式会社ワールド○○などという会社はまったく聞いたことがありません。そこで「知らない」旨《むね》を回答すると、男性は「そうでしたか……。万が一同社の社債を購入された場合にはご連絡ください。弊社の電話番号は○○－○○○－○○○○です」といって電話を切りました。上野さんは、念のため電話番号をメモしておきましたが、おかしな電話だなと思い、すぐに忘れてしまいました。

それからしばらくして上野さんの自宅に、突然封筒が送られてきました。開けてみると、それは株式会社ワールド○○から送られてきたもので、自社の社債を購入しませんか、という内容でした。なんでも同社は近々上場を予定しており、社債を発行するということでした。

社債発行においては、人気がありすぎるために抽選としており、上野さんがその抽選に当選したというのです。また同封されていたパンフレットは分厚くてとても立派なもので、売り上げ見込みも右肩あがりの数字が書かれており、いかにも信用しても大丈夫そうな内容でした。

これを見て上野さんは、以前かかってきた電話を思い出し、メモした電話番号に電話してみました。すると、以前電話で対応した男性が「抽選に当たったのですね！　ぜひ購入してください。すぐに当社が5倍以上の値段で購入させていただきます！」と興奮したようにいいます。

そこで上野さんは、1口50万円の社債を20口、1000万円分購入したのです。

購入後すぐに○○債権買取センターに電話をしましたが、なんと「おかけになった番号は、現在使用されていません」というアナウンスが流れ、連絡がとれなくなってしまったのです。慌《あわ》てて株式会社ワールド○○にも連絡しましたが、やはり電話が通じなくなっており、上野さんははじめて自分がだまされた、ということに気がついたのです……。

どうすればよかったか

上野さんのような社債詐《さ》欺《ぎ》は近年多発している詐欺手口の一つです。とくに上野さんのケースのように、退職金などのまとまったお金をもっている高齢者が、その投資知識の不足につけこまれ、だまされる例が多いようです。

こういった社債詐欺では、社債を買いとるといった会社も、社債を発行している会社もまったくの架空《かくう》の会社であることが多く、だまされたあとに被害を回復するのは至難《しなん》の業《わざ》です。怪《あや》しい儲《もう》け話には一切関与しないことが重要です。

夢の利回り、元本保証、超一流ホテルでの説明会

高原順三さんは68歳。零細《れいさい》企業の社長としていまも現役ですが、最近息子に会社の経営をまかせることができるようになり、現在は比較的時間に余裕のある生活をしています。

いつまでも働き続けることはできないと最近感じるようになり、老後に余裕ある生活を送れるように、それまで興味のなかった資産運用の勉強を始めました。高原さんはパソコンをいじるのが好きだったため、情報収集はインターネットを通じておこなっていました。

あるときインターネットをいじっていると、「夢の利回り7%保証。さらに元本《がんぽん》割れなしの最強ファンドを紹介します！」というサイトにたどりつきました。少し怪しげなサイトでしたが、少しだけ勉強した結果からすると利回りが7%も保証され、さらに元本も保証されるというのは、明らかに有利な商品であり、魅力を感じました。サイトには、近々ホテルで説明会が開かれると

いうことだったため、高原さんはさっそくその説明会に参加することにしました。

会場に行ってみるとそこは誰もが知っている超一流ホテル。大きな広間を借りきって、いかにも羽振りのよさそうな男性が、自信満々にこのファンドの素晴らしさを説明しています。

「このファンドは、海外の投資ファンドと連携《れんけい》して、さまざまな金融工学を駆使《くし》したファンドスキームを利用した、シナジー効果の高い最強ファンドなのです！」などと、男性は高原さんが理解できない横文字を使って熱心に解説しています。

全体の説明会が終わると個別説明が始まり、高原さんも目のギラギラした若い男性から個別にファンド購入のセールストークを受けました。高原さんは、内容がよくわかりませんでしたが、会場の雰囲気に飲まれてしまい、その場で５００万円分も購入することを約束してしまいました。

すぐにお金を振り込み、しばらく様子を見ていました。半年後には最初の配当金が振り込まれました。金額は、最初のセールストークのとおりであり、ちゃんと年７％の利回りがありました。

信用してよかった、と高原さんは胸をなでおろし、さらに買い増すことを検討しました。

そしてさらに半年たち、２回目の配当の時期になりました。高原さんは楽しみに配当を待っていましたが、待てど暮らせどいっこうに配当がありません。

そこでファンド運営会社に問い合わせをしましたが、担当者は「経済状況の変化があり配当が出せない」と回答したのです。「約束が違うから解約する」と高原さんが解約を申し込んだところ、現在返せるお金は購入額の半額しかないと回答してきたのです。

利回りや元本を保証するといってセールスをしていたのに、あっさりとその約束を破ったファンドに、高原さんは怒りを通り越して呆《あき》れてしまいました。

どうすればよかったか

投資をして資産を増やそうという以上、そもそも元本保証ということ自体ありえないことをまずは知っておくことが必要です。元本保証、利回り保証の商品があれば、人に売らずにその人自身が運用をすればいいだけです。

甘い宣伝文句の裏には常に危険があるということを知ってください。

わずか500円の支払いで180万円の借金が復活？

小久保敦史さん（70歳）は、現在アパートにひとりで年金暮らしをしています。

あるとき小久保さんが自宅で休んでいると、見知らぬ男性が訪ねてきました。「こんにちは、○○ファイナンスの○○です。小久保さんの借入金についてお話があって来ました」というのです。

小久保さんは「○○ファイナンス」と聞いて心臓がバクバクとしてしまいました。というのも、小久保さんは、いまから20年以上も前、ギャンブルにはまっていたことがあり、借金まみれの状態であったことがあるのです。

そのとき、「○○ファイナンス」という消費者金融からも借り入れがあり、いまだに全額を返済していない状況でした。小久保さんはこれまでに何度も引っ越しをしており、引っ越しすると消費者金融からの督促《とくそく》がなくなることから、これまで放っておいたのです。

○○ファイナンスの男性は「小久保さんは当社に30万円の借り入れがあります。この元本と今日までの遅延《ちえん》損害金150万円、合計180万円を支払ってください」といいます。いつのまにか元本30万円が180万円にもなっていることに小久保さんは驚きました。しかし小久保さんは借金には時効《じこう》があることを知っており、「もうお宅の借金は時効だから払わない」と拒否しました。

男性はそれでも「払ってくれ」と粘りましたが、小久保さんが拒否を続けると、「私も会社から業務命令を受けて借金の回収に来ています。手ぶらで帰ることはできません。せめて500円でもいいから支払ってくれませんか？」と泣きついてきたのです。

小久保さんは、しつこい男性の態度にも疲れてきたため、500円で帰ってくれるならいいか、と思い支払ってしまいました。

その後、男性が自宅に来ることはありませんでした。「500円でうまく追い払えた」と小久保さんが思っていた矢先、裁判所から訴状が届き、「○○ファイナンス」が小久保さんに179万9500円を支払えと訴えてきました。

時効なのにおかしい、と思い裁判所へ出頭し、そのことを主張しましたが、裁判官から「500円を最近支払っているから、時効は主張できません」といわれてしまったのです。

小久保さんは時効については聞きかじり程度の知識しかなく、少しでも支払いをしてしまうと時効の主張ができないことを知りませんでした。わずか５００円の支払いで、１８０万円の借金が復活してしまったことになったのです……。

どうすればよかったか

小久保さんのケースのように時効期間が経過しても、借金の一部でも支払いをすると債務を承認したことになり、時効の主張ができなくなってしまうことがあります。

せっかく時効期間が完了していても意味がなくなってしまうため、注意が必要です。

消費者金融などの業者は、この制度の存在を知ったうえで、そのことをいわずに少額のお金を支払わせようとすることがあり、注意が必要です。

「少しだからいいか」とか「面倒だから払おう」という考えは極《きわ》めて危険なのです。時効が完成している場合には弁護士などの専門家に依頼し、時効の援用通知（時効の制度を利用するという意思を貸し主に伝えること）をするようにしてください。

40年前の借金が莫大に増えて「督促状」が来た

安永武信さん（70歳）は、アパートに妻とふたりで暮らしています。長年自営業をしていましたが、現在では廃業し近くの警備会社でアルバイトをして生活をしています。

あるとき、安永さんの郵便ポストに見慣れぬ封筒が入っていました。

封筒には毛筆の力強い文字で「督促状」と大きく書かれてあります。とても迫力のある文字で、なんだか不吉な予感がしました。

安永さんが封筒をあけると、「督促状」の文面は次のようなものでした。

「当社は、株式会社○○ローンより、貴殿に対する債権の譲渡《じょうと》を受けました。つきましては、本書面を確認後10日以内に、以下の当社口座宛に下記記載《きさい》の金員《きんいん》を振り込む方法によりお支払いください。

記

昭和50年9月20日借り入れの借入金　50万円
上記借入金に対する遅延損害金　　　６００万円
　　　　　　　　　　　　　　　　合計　６５０万円」

なんと突然６５０万円もの請求が来たのです。これを見て安永さんは腰を抜かしてしまいました。封書の送り主は、株式会社債権買取センター△△ファイナンス、という会社でしたが、まったく聞いた覚えがありません。

しかし、株式会社○○ローンというのは、どこかで聞いたことがあります。よくよく考えて思い出したところ、安永さんが自営業を営《いとな》んでいてお店の営業状況が悪かったときに、運転資金として50万円を借りたことがありました。安永さんは、何度か営業していた店を潰《つぶ》してまた立ちあげるということをくり返していたため、支払いをしないでいた借金が残っていたのです。

しかし、○○ローンの借金がなぜ△△ファイナンスという聞いたこともないような会社から請求されるのか不思議でなりませんでした。そこで、弁護士に相談したところ、借金というのは貸した側からすれば債権という財産の一つであり、他人に売ることができるということでした。○○ローンは、安永さんに対する債権を△△ファイナンスに売却したのです。

それにしても恐ろしいのは、遅延損害金の金額です。当時の遅延損害金の利率からすると、少しの借金でも莫大な遅延損害金が発生するのです。

幸い安永さんは弁護士に対応を依頼し、時効によって債権はなくなっていると主張して支払いをせずにすみました。

どうすればよかったか

安永さんのケースのように、過去に借りていた借金が、まったく知らない会社にたらいまわしにされた挙句《あげく》、多額の遅延損害金が発生して請求されるということがあります。借金を多くしていた人や、未返済の借り入れが残っている人などは注意が必要です。

多くの場合には時効でなくなりますが、一部でも支払って時効の主張ができなくなるとたいへんなことになりますので、注意が必要です。

海外宝くじで10億円はあなたのもの⁉

太田和也さん（80歳）は、マンションに妻とふたりで悠々自適な生活をしています。あるとき太田さんの自宅に、ドイツからのエアメールが届きます。ドイツに知り合いなどひとりもいない太田さんは、怪しみながらエアメールを開けてみました。

すると中身は日本語で書かれており、ドイツで販売されている宝くじに自分が当選した、ということが書いてあるのです。

「このたびドイツ国営ロトくじの代理店である当社は厳正な抽選の結果、MR OHTA KAZUYAを、当選金10億円の受けとり対象人として認定させていただきました。つきましては、同封してある当選金受けとり用封筒に受けとり手続き費用２万円と申込用紙を入れてすぐに当社まで返送してください」などということが書いてあります。

最初読んだ限りでは、いかにも太田さんに10億円の当選金が当たったかのように書いてあったのですが、よくよく見ると、確実に10億円がもらえるわけではないが、２万円の費用さえ支払えば10億円をもらえるチャンスがあるということのようでした。

当初は、怪しいと思っていた太田さんも、読むうちに「もしかしたら、本当かも」と思うようになり、２万円を送ってしまいました。太田さんには、ある程度貯金もあり、経済的な余裕があったことも理由の一つです。

そうしたところ、しばらくしてまた同じエアメールが送付され、2000円の小切手が入っていたのです。どうやら太田さんは、10億円は逃したものの、2000円が当選したようなのです。

このことから太田さんは、「海外宝くじは本物だ。買い続けていればいつか当たるはずだ。手紙に書いてあるように、まだ多くの人に知られていないいまがチャンスだ！」と思うようになり、またお金を送ってしまいました。

そのころから、ドイツからのエアメール以外にも同じような海外の宝くじに関するダイレクトメールがたくさん届くようになりました。内容は、くじが開催される国こそ違うものの、たいていは同じようなものでした。太田さんは、これらのダイレクトメールにもお金を送ってしまい、いつのまにかその総額は200万円にもなっていました。

しかしながら、いつまでたっても10億円という高額の当選金が手に入ることはありませんでした。ときどき1000円や2000円が当たるのですが、高額の当選金が当たることは絶対にありません。

息子が大量のエアメールが実家にあることに気がついて不審《ふしん》に思い、海外詐欺のことを調べて太田さんに教えてくれるまで、ずっとだまされているとは思いもしませんでした。

どうすればよかったか

海外宝くじによる詐欺は、ひとつひとつの被害金額は比較的少ないものの、合計すると高額の被害にあっているという特徴があります。こういった詐欺では、相手を信用させるために１回か２回程度、本当に少額の当選金を送るという手口を使います。だまされてしまってもその被害金を回復するのは至難の業です。こういったダイレクトメールが来ても開封せずに、すぐに捨てるようにしてください。

生命保険の満期金が90歳からもらえる個人年金に⁉

村木愛子さん（80歳）は、夫に先立たれてからひとり暮らしをしています。

若いころから掛けていた生命保険が最近満期を迎え、満期金が６００万円ほど戻ってくることになりました。年金生活をしていた村木さんにとっては、余生を穏《おだ》やかに過ごすための貴重なお金でした。

昔からのつきあいがある保険会社の女性から、満期金の支払いの知らせを受けるのと同時に、ぜひ満期金を知り合いが扱っている有利な商品で運用してほしい、といわれました。

村木さんは、人の誘いを断ることができないタイプで、本当は、満期金は普通預金にして万が一のときに引き出せるようにしておきたかったのですが、とりあえずその知り合いに会ってみることにしました。

知り合いの人物は若い女性で、なにやら立派なパンフレットをもって、村木さんの理解できない横文字を使いながら、とある商品の説明をしはじめました。村木さんは、よくわからなかったのですが、「元本が減ることはない」「普通預金より高い利息がもらえるから有利である」「いつでも解約していい」ということを何度も確認して契約することにしました。

しばらくして、村木さんはガンになっていることが判明、急遽《きゅうきょ》手術をするために資金が必要になってしまいました。そこで、息子さんの協力のもと、契約した商品を解約することにしたのです。

手続きをすすめたところ、なんと解約すると、解約金は満額の600万円から50万円も減った額しか戻せないというのです。

「話が違うではないか」と抗議をしましたが、相手は「保険の約款《やっかん》に記載してあります」との一点張りで話しあいになりません。

息子さんがこの商品について調べてみると、これはいわゆる変額個人年金という商品であることがわかりました。

よくよく調べるとこの商品は、保険金を一括で支払ったあと、その10年後から毎年決まった額を10年間にわたって受けとれるという個人年金商品でした。村木さんは、現在80歳ですから、年金を受けとれるのはなんと90歳からで、あまりにも村木さんにはふさわしくない内容だったのです。

しかも、一括支払いから10年経過すれば元本が減ることはないのですが、10年以内に解約すれば、戻ってくるお金は支払額より少なくなるというものでした。

村木さんは一切そのような説明を受けた記憶がありません。今回の件、村木さんはお金を失うだけの結果になってしまいました……。

どうすればよかったか

現在、生命保険などに加入している人は20代から60代の国民の8割ともいわれていますが、あまり考えず、つきあいなどから入っている人も多いと思います。

高齢者にはとくにそのような人が多く、保険の内容が生活状況と合っていないことがあるようです。「元本保証」や「貯金より得」といった話に惑《まど》わされず、じっくりと内容を理解してから加入するようにしてください。

退職金で誰も住まない投資用マンションを買った

野田敏弘さん（66歳）は、妻と一軒家に住みながら年金生活をしています。さらに高齢になり動けなくなったときに備え、手元にある退職金を投資して、資産を増やそうといろいろと勉強をしているところでした。

そんなとき、自宅の固定電話に知らない会社から電話がありました。

「はじめまして！　○○不動産販売株式会社です。今回とてもお買い得なワンルーム物件が出ましたので、野田さんに特別なご案内を差しあげたいのですがいかがでしょうか？」と若い男性がハキハキと営業トークをはじめました。

投資の一つに不動産も考えていた野田さんは、勉強のために話だけでも聞いてみようと考え、しばらく電話で話をした後、自宅でじっくり話を聞くことにしました。

営業の男性が家に来ました。野田さんは、はじめは話を聞くだけ、と思っていましたが、だんだんとこの男性のペースにはまってしまいます。

「この物件は駅から近く、絶対に将来価値が上がります」「駅チカですから入居者がいなくなることはありません。超人気物件です」「購入すれば毎月10万円以上の家賃が入りますから、年金の代わりになりますよ」「管理も当社がしますので、野田さんはなにもしなくても家賃収入があるのです」「当社が家賃保証をしますので、たとえ空室になっても、家賃が振り込まれるのでリスクはありません」

営業の男性は、次々にこのワンルームマンション投資のメリットを語ります。野田さんは、その雰囲気にのまれてしまったことと、「この不動産会社が家賃保証をするので、リスクはない」という言葉に魅力を感じ、退職金の残金３０００万円を全額使って男性のいうとおりワンルームマンションを購入してしまいました。

購入後、1ヵ月後ほどで男性がいっていたとおりの家賃が振り込まれ、「これはいい投資ができた」と安心していました。ところが2ヵ月目には、入居者が出ていってしまいます。野田さんは「あれ……」と思いましたが、不動産会社が家賃保証をしてくれたため、家賃がゼロになることはありませんでした。しかし、家賃保証は元の家賃の7割程度のため、受けとり額は減ってしまいます。

その後、いっこうに新しい入居者が決まりません。管理会社にいっても「募集中です」というだけで、本当に動いているのか不明です。半年間空室が続き、管理会社から「契約書のとおり保証家賃額を大幅に減額します」との通知があり、保証家賃が当初の家賃額の1割以下になってしまいました。

これでは意味がないと思い、別の不動産会社に売却を頼んだところ、購入額の3分の1の1000万円でしか売れないとの回答。どうやら当初の3000万円という価格が異常に高額に設定されていた価格だったようです。野田さんは結局、退職金を大幅に減らす結果となってしまいました。

どうすればよかったか

電話営業で売り込みをしている不動産の多くは、相場に合っていない高額な値段で売られていたり、家賃保証といいつつも、途中で保証家賃を自由に減額できる契約になっているなど、購入者にとって不利な物件が多いようです。

不動産購入にあたっては、自分でしっかりとした知識をもつことが必要です。

牛の牧場、魚の養殖、生き物がらみの投資には危険がいっぱい

岩佐和夫さん（64歳）は、長年公務員として仕事をしており、定年を目の前にしてそれなりの預金をもっていました。そして、老後の生活のために一部を投資することを考えていました。

そんなとき、趣味のインターネットをしていたところ、興味をそそられる広告がありクリックしてみました。それは、フィリピンでエビを養殖する会社が出資を募《つの》っているという内容でした。立派につくられたサイトを見ると、その会社はフィリピンの現地法人を保有しており、そこでは東京ドーム３００個分の生簀《いけす》を所有して、エビを養殖しているということでした。エビは世界中で需要が爆発しており、供給が追いつかないため将来的に利益が見込めるとのことでした。

さらに魅力的だったのは、その利回りです。なんと、毎月10％近い配当がもらえるため、１年後には投資したお金が倍額以上になって戻ってくるというのです。

岩佐さんはさっそくパンフレットを取り寄せてみました。すぐにきれいなパンフレットが届き、じっくり読みこみました。読めば読むほど魅力的な内容が書いてあるものの、あまりに魅力的すぎて逆に心配になり、試しに10万円だけ投資することにしました。

すると、その1ヵ月後には、約束どおり1割の1万円が配当されました。念のため、その後半年間様子を見ましたが、きちんと配当がありました。また半年後には、出資者へのプレゼントとして養殖されたエビが冷凍されて届き、海鮮好きな岩佐さんは大喜び。「これは信頼しても大丈夫」と確信した岩佐さんは、一気に預金の半額である1000万円を投資したのです。「これで1年後には投資資金が倍増する」と喜びました。

ところが、数ヵ月後、養殖会社からの配当が振り込まれていないことに気がつきました。会社に確認すると、「現在フィリピンで大規模な台風被害が発生し、配当が2ヵ月遅れる」ということでした。「自然相手の商売ではしょうがない」と思い、待っていたところ、あるときテレビでこの養殖会社が破産を申請した、ということを知ります。

岩佐さんは真っ青になりながら報道を確認しました。なんでもこの会社は、実際にはエビの養殖は一切しておらず「生簀」を保有している事実もなく、配当は出資者からの出資金を自転車操業で回して出していたそうです。プレゼントのエビも他のエビ業者から購入したものを送っていただけであり、自社を信用させるための工作であったとのこと。

その後、エビ養殖会社は裁判所の関与のもと破産手続きを進めていきましたが、もっている資産はほとんどなく、岩佐さんの手元には1円もお金が戻ることはありませんでした……。

どうすればよかったか

近年、牛の畜産による投資を業とする会社が破産するなど、生き物の養殖等をうたった投資による詐欺が多く発生しています。

こういった会社は岩佐さんの例のようにさまざまな手法を使って、投資者を信用させ出資金を集めます。あまりに有利すぎる投資には必ず理由があります。安易に手を出すのは避けましょう。

なぜ生き馬の目を抜く株式市場で未公開株の話が来るのか

平賀時生さん（60歳）は、自営で清掃業をしています。子どもたちは独立し、妻とふたりの生活です。体力を使う仕事のため、そろそろ引退することを考えていました。

あるとき、平賀さんの自宅に男性が訪問してきました。いかにも仕事ができそうな身なりで、おしゃれなスーツをビシッと着こなしています。男性は、○○証券会社の社員で、これから上場する未公開株の販売をしているということでした。

これまで株式投資などをした経験がなかった平賀さんでしたが、「老後の生活資金にもなりうる」という話であったため、男性の話を聞きこんでしまいました。

男性は、「この△△株式会社は、未来の健康水スーパーパワフルエネルギー水の専売特許を取得しています」などといって、聞いたことがない、すごい効果のある水をつくっている会社の株を購入しないかともちかけてきました。

「この会社は、近いうちにこの特許を使って上場を計画している」「上場されれば、現在の価格の3倍以上の高値がつくのは間違いがない」「上場することは一部の関係者にしか知られていない」「いましかこの未公開株の購入チャンスはない」「残り１００株しかないため、いま決めてもらえないのであれば購入はできないと思う」などというセールストークで巧《たく》みに購入を誘います。

平賀さんは、この男性がしっかりとした身なりで、証券会社の社員ということもあり、すっかり信用してしまいました。実際問題、近いうちに仕事を引退して悠々自適な老後生活を送りたいとも思っていたので、「未公開株で儲けることができれば早々に引退できるかもしれない」と、1株10万円の株を50株、５００万円分購入してしまったのです。

その後、いつ上場するかいつ上場するかと首を長くして待っていましたが、待てど暮らせどいっこうに上場するという連絡はありません。

証券会社の男性からもらった名刺に連絡しても、常に不在の状態で折り返しの連絡もありません。「これはだまされたかもしれない」と思った平賀さんは、弁護士に相談をしました。すると、男性がすすめた△△株式会社などという会社はそもそも存在していないことがわかりました。

結局、未公開株詐欺であることがわかり、平賀さんは５００万円もの大金を失ってしまったのでした。

どうすればよかったか

架空の株式会社の存在などを騙《かた》って人をだます未公開株詐欺では、「ひと儲けしたい」という人の欲望につけこんでお金をだましとります。このような詐欺ではだまされたときにはもう遅く、被害回復ができないことが多いのが現実です。

株式市場は多くの人が抜け目なく利益を狙《ねら》う厳しい市場です。そのような生き馬の目を抜く株式市場で、他人が自分のために儲け話をもってくることはありえません。くれぐれもそういった話には近づかないようにしましょう。

外国為替証拠金取引って何？　投資でだまされない鉄則

竹村健二さん（65歳）は中規模会社の部長をしていましたが、今年定年退職する予定です。老後は趣味の釣り三昧《ざんまい》の生活をするつもりでした。

あるとき、中学校時代の地元の友人から久しぶりに連絡がありました。「とにかく懐《なつ》かしいから話がしたい」ということで、近くの飲み屋に行くことになりました。

昔の思い出話もそこそこに、その友人は突然「外国為替証拠金取引ってわかるか？」といってきました。竹村さんは、投資などには興味がなかったため、正直に「わからない」と答えると、友人は「絶対に儲かるFX投資ファンドがあるんだよ」といって、怪しい投資話を始めたのです。

「おれの知り合いの会社が、FXのファンドを始めた」「このファンドは、絶対に勝てるFXの自動売買ソフトを開発して、それを運用している」「売買ソフトは、海外のハーバード大学の学者など、世界の頭脳ともいえる人たちが極秘《ごくひ》で開発している」などなど、友人は、そのFX投資ファンドへの投資がいかにリスクなく儲かるかを熱心に話してきたのです。

竹村さんは、FXが何かはよくわかっていませんでした。ドルなどの海外のお金との取引で、とにかく危険なものだという程度しか知識がありません。最初は、いかにも怪しいと牽制《けんせい》しながら聞いていましたが、お酒を飲んで気をよくしていたこともあり、だんだんとその投資話に魅力を感じるようになってきました。

友人の話によると、そのファンドの幹部の人たちは大金持ちで、フェラーリなどの高級外車を何台も乗りまわし、高層マンション最上階に住んでおり、友人もフェラーリに乗せてもらったり、高層マンションの最上階でのパーティーに参加したそうです。

月の利回りは実に10％以上、年にすれば120％で、1年で出資したお金が倍以上になるというのです。いくら投資に疎《うと》かった竹村さんでも、それがどれだけ儲かる投資かは理解できました。

そのため、竹村さんは翌日友人に連絡し、さっそくなけなしの貯金300万円を投資ファンドが指定する口座に振り込みました。

その後、楽しみにして配当を待っていましたが、いっこうに支払いがありません。どうしたのかと思い友人に連絡すると、「ソフトのメンテナンスでひと月だけ運用ができないらしい。来月は支払われるから大丈夫だよ」とのことでしたが、その翌月も支払いがありません。

友人に連絡しても、だんだんと電話に出なくなり、とうとう電話番号は使われていないという案内にかわってしまいました。そこでやっと竹村さんはだまされていることに気がつきました。

ほかの友人にこのことを話したところ、竹村さんにファンドを紹介した友人は、竹村さん以外にも同じような話をもちかけて損をさせていたそうです。竹村さんは、安易に友人を信じたことを深く後悔しました……。

どうすればよかったか

投資でだまされないための鉄則の一つは、「自分が理解できないものにはお金を出さない」ということです。

詐欺師は人の無知につけこんで儲け話を信じさせ、人からお金をだましとります。理解していなければ、信用できるかどうかをそもそも判断できません。くれぐれもこの鉄則を守りましょう。

お金を借りるつもりが支払っていた？　融資保証金詐欺の餌食に

井上虎雄さん（60歳）は、40年前から割り箸《ばし》やつまようじなどを製造する零細《れいさい》企業を営んでいます。従業員は3人で自分と妻とひとり息子。実質的には個人事業といえるほど小さな会社です。

バブルのころはよかったのですが、売り上げは安い海外製品に押されてしまい右肩下がり、とうとう来月の仕入れ代金も支払えない状況になってしまいました。

銀行からは、すでに多額の借り入れがあり、追加融資《ゆうし》などはまったく応じてもらえる気配がありません。頭をかかえていたところ、会社の郵便受けにあるダイレクトメールに気がつきました。そのダイレクトメールは「中小企業の社長の皆様、簡単審査で運転資金の借り入れをしませんか？」という、事業用借り入れの勧誘をするものでした。

いつもは、金利が高そうなことと、聞いたこともない「○△○△ファイナンス」という会社名に不審を感じ、すぐにダイレクトメールを捨てていましたが、このときばかりはなんとか借り入れができないかと連絡をとりました。

するとすぐに担当者と名乗る男性が会社を訪れ、借入申込書に必要事項を記載するようにいってきました。その後、会社の中をひとまわりし、「では審査に回します。すぐに結果が出ると思います」といい残し、帰ってしまいました。

一日も早く融資を受けたい井上さんは、いつ連絡が来るかと毎日気にしていましたが、１週間たっても連絡がありません。たまらず担当した男性へ連絡をします。

すると、その男性は「申しわけありませんが、審査の結果、御社への融資はいたしかねます」と融資を断ってきたのです。井上さんは「お宅のダイレクトメールには〝誰でも簡単審査で融資〟〝融資断りません〟と書いてあるじゃないか！」と抗議をしますが、男性はのらりくらりの対応でいっこうにらちがあきません。

しばらく押し問答を続けたあげく、男性が突如こういいました。「もし当社に100万円の融資保証金を預けられるのであれば、与信審査《よしんしんさ》（相手の経済状態などからお金を貸せるかどうか調べること）には通りますので融資が可能です」というのです。井上さんは、取引先への支払いが3日後に迫っていたため、妻の両親を説得して定期預金を解約してもらいなんとか100万円を用意しました。

担当者の男性に連絡をしたところ、男性は「融資まで時間がないので、確認に時間がかかる振り込みではなく、レターパックに現金を入れて郵送してほしい」といってきたのです。井上さんは、支払いのことで頭がいっぱいでそれを不審に思わず、いうとおりに郵送してしまいました。

その後、担当者との連絡は一切とれなくなってしまいました。あわてて警察に相談したところ、典型的な融資保証金詐欺だ、といわれ、自分がだまされたことに気がついたのです。

どうすればよかったか

お金に困っている個人や事業主に対し、融資の条件としてお金をだましとる詐欺手口を融資保証金詐欺と呼びます。お金をだましとる名目はさまざまであり、保証金だけでなく担保金、手数料、登録料などさまざまです。

井上さんのように融資が必要なときは、資金繰《ぐ》りに困っているなど正常な判断ができない場合がほとんどです。ピンチのときこそひとりで判断せず、人に相談をする癖をつけておきましょう。

「銀行の紹介なら間違いない」と投資信託を買ったものの

谷本ハルさん（78歳）は長年連れ添った夫が最近亡くなってしまい、現在はひとり暮らしです。あるとき、口座をつくって30年以上使ってきた銀行から自宅へ電話がありました。その内容は「口座にある預金を眠らせておくのではなく、少しでも増やしてみませんか」という内容でした。というのも、谷本さんは、夫が死亡した際に受けとった生命保険金３０００万円を、とくに使う当てもないことから、とりあえずその銀行の預金口座に入れておいたのです。

銀行の担当者は、谷本さんの預金残高額を確認し、充分な残高があることを確認してこのような電話をかけてきたのです。

谷本さんは、比較的時間に余裕があったことと、どうせ使う当てのないお金ならたしかに少しでも増やしたほうがいいと考え、銀行に赴《おもむ》きました。長年つきあいのある銀行が変なことをすることはないだろうと信用していたのも理由の一つです。

谷本さんが銀行へ行くと、比較的若い女性の担当者が待っていました。

投資信託という金融商品について、熱心に説明をしてくれます。「この投資信託は毎月分配型といって、毎月お金が支払われます。まるで決まったお小遣いを毎月もらえるようなものですよ」「過去の実績からも、値上がりしてお金が増えると思います」「定期預金にしてもわずかしか利息はつきません。この投資信託なら年10％の利益も見込めますよ」などと、毎月分配型の商品を熱心にすすめてきます。

谷本さんは、よくわかりませんでしたが、女性が自分に丁寧《ていねい》に説明してくれることと、分配金として毎月お小遣いのようにお金がもらえるならお得だと思い、生命保険金を全額その投資信託の購入にあててしまいました。

しばらくして息子が遊びに来ました。投資信託を購入したことを話すと、投資に詳しい息子から、「それ本当に利益が出た分から支払われている分配金なの？」といわれました。

不安になった谷本さんが息子に調べてもらったところ、毎月支払われている分配金は、「特別分配金」という投資信託の元本を取り崩《くず》したお金だったのです。

そうとは知らなかった谷本さんは、元本を取り崩しているのでは意味がないと思いすぐに解約しましたが、戻ってきたお金は元本を1割近く割っており、損をした形になってしまいました。

どうすればよかったか

毎月分配型の投資信託というのは、投資信託の種類の一つであり、それ自体が違法であるわけではありません。しかし、毎月分配型投資信託の中には、谷本さんの例のように元本を取り崩して配当にまわしているものもあり、投資価値の低いものがあります。

これらのリスクを認識して購入する分には問題はありませんが、谷本さんの例のように「銀行が紹介するから間違いない」と信じこみ投資をしてしまうのは危険です。

銀行が違法な説明をする可能性もありますし、違法でなくても不適切な説明をすることがあります。投資は必ず自分の判断でおこなうようにしてください。

必ず儲かる！　金の証拠金取引は地獄の始まりだった

北沢黄太さん（60歳）は、中学校の教頭をしています。真面目でやさしい性格から多くの生徒に慕《した》われている存在でした。

そんな北沢さんが、休日に自宅にいると電話がかかってきました。話を聞くと、何やらよくわからない「金の証拠金取引」をしないかという勧誘の電話でした。

北沢さんはこの手の電話に対しても、相手がかわいそうに感じてしまい、なかなか電話を切ることができません。結局、最後には断ったものの、30分以上も相手の話を聞いてしまいました。

それから1週間後、北沢さんが休日に自宅でくつろいでいると、突然若い男性が家を訪問してきました。なんとそれは1週間前「金の証拠金取引」の勧誘で電話をしてきた男性だったのです。

北沢さんは、相手がわざわざ来たのに追い返すのが申しわけなく、ついつい家に上げて話を聞いてしまいました。相変わらず金の取引の話なので断ろうとしましたが、しつこく勧誘を続けます。最後には、その男性は涙目になりながら「ここで契約してもらえないと会社を首になります」「あなたは私の父親のような存在です。父親に損はさせません」と懇願《こんがん》してきます。とうとう人のよい北沢さんは、50万円を男性の会社に振り込み、金の証拠金取引を始めてしまいました。

北沢さんは仕組みを説明されてもまったく理解できず、とりあえず損をする可能性は少ないという説明を信じていました。実際、最初の1ヵ月は数万円の利益が出ていました。

「男性を信用してよかった」と思うようになっていた矢先、突然職場に電話があり、男性から「3日以内に追加の証拠金50万円を入れてください。でないと、資金がすべてなくなってしまいます」といわれたのです。北沢さんは、よくわからないながらも慌てて50万円を支払います。

その後も同じようなことが3回ほど続きました。そこで北沢さんが、「もう終わりにしたい。いままで支払ったお金を全部返してほしい」と問い詰めたところ、男性は手のひらを返したように「いまやめるなら、お金は3万円しか返せません」といってくるのです。

「そんなバカな！」と思い、男性の会社に抗議しにいきましたが、男性の上司を名乗る強面《こわもて》の男性に「自己責任だろう」といわれてしまい、結局お金を取り返すことができませんでした。

投資資金のほとんどを失ったあと、ようやく北沢さんは自分がしていた取引はとてもリスクのある危ないものだと知りました。

どうすればよかったか

証拠金取引というのは、一般的に一定額の証拠金を担保に高額の投資をおこなう金融商品です。

それ自体は違法ではありませんが、少しの値動きで損益が大きくなるため、かなりたくさんの知識がなければ投資するのにふさわしい商品ではありません。

「必ず儲かる！」などの、断定的な判断を業者がいった場合、契約の取り消しなどをできる場合がありますが、トラブルになること自体を避けることはできません。くれぐれも知識なく証拠金取引をすることは避けてください。

借金を一本化すれば返済がラクになる!?

北山太さん（60歳）は、20年前から地元でバイクの修理屋さんを営んでいる個人事業主です。

5年以上前から経営が苦しくなっており、取引先への支払いや従業員への給料支払いのために、消費者金融から借り入れをしていました。

最初はどうしても支払いが苦しいときに、最後の手段として少額使うにすぎませんでしたが、だんだんと借金返済のために借り入れをするようになり、自転車操業状態となってしまいました。

毎月返済が必要な金融業者の数は10社以上にもなり、毎日返済のスケジュールを考えるだけでもたいへんな状況になってしまいました。

そんなとき北山さんがスポーツ新聞を読んでいたところ、「借金の一本化可能です！　いますぐお電話を」という3行広告を見つけました。借金を一本にまとめることができたら返済も楽になるだろうと思い、さっそく電話をしてみました。

電話をしたところ、いかにも金融業者という感じで、淡々と話をする担当者が出ました。担当者から、いまの借り入れの状況や、どこの会社からいくら借りているかなどを聞かれました。北山さんがいわれたとおりに回答すると、その男性は「それでは審査にまわしますので数十分お待ちください。こちらから電話をいたします」といいます。

北山さんが電話を待っていると、その男性から電話がありました。「審査の結果、北山様の場合には、一本化手数料として50万円が必要になります」というのです。

一本化に手数料が必要なら意味がない、と北山さんが思い断ろうとしたところ、男性は「当社の試算の結果、現時点で一本化をすれば借金は約150万円圧縮できます。それを考えれば、50万円ほどの手数料を支払っても一本化する価値はあります」といってきました。

毎日資金繰りに窮《きゅう》していた北山さんにとって、100万円も借金が減るのは願ってもないことです。さっそく北山さんは、さらに消費者金融から50万円を借り入れ、一本化業者の事務所へ現金を持参しました。

業者の話によれば、一本化の手続きは1週間程度で完了するということでしたが、いつまでたっても連絡がありません。そこで業者に電話をしてみましたが、いっこうにつながりません。お金を渡した事務所も訪れましたが、そこはまったく別の会社になっており、北山さんがいくら説明しても、「うちはそんな会社じゃありません」といわれ、追い返されてしまいました。

北山さんは、狐《きつね》につままれたような気持ちになりましたが、新たに借り入れた50万円の借金はたしかに残っています。結局北山さんは、新たに借金を増やす結果になりました。

どうすればよかったか

多くの業者から借金をしている人にとって、借金の一本化というのは魅力的に感じます。しかしその実態は、北山さんの例のようにまったくの詐欺である場合が多いのです。

仮に詐欺ではないとしても、結局一つの金融業者から多額の借り入れをして他の業者からの借金を返済するというだけであり、借金総額が大幅に減ることはありません。借金問題は弁護士などの専門家への相談が確実です。

第4章

振り込め詐欺 だましの手口

どんどん巧妙化する交通事故を使ったオレオレ詐欺

木戸桃子さん（72歳）は3人の息子がいますが、みんな独立しています。夫は3年前に亡くなっており、現在は一戸建ての自宅でひとり暮らしをしています。

ある日、自宅にいたところ固定電話が鳴りました。電話をとると男性の声で「おれだよ……母さん、いま大丈夫？」といってきました。木戸さんはとっさに末っ子の賢三さんが電話をしてきたものと思いました。

「賢三？　どうしたの？　声が暗いけど」といったところ、「いま、交通事故を起こしてトラブルになっているんだ、助けてほしい」と暗く小さな声でつぶやきます。

すると突然、別の男性が大声で「あんた！　こいつの母親かッ！　どうしてくれるんだ！　絶対にゆるさないぞ！　弁償《べんしょう》しろッ！」といってくるのです。

その激しい剣幕《けんまく》に、木戸さんはうろたえるしかありませんでしたが、まったく状況が理解できません。木戸さんがなにも話せずに黙っていると、さらに別の男性が電話に出ました。

「もしもし、私は警察の者ですが、突然失礼します。……実は息子さんが運転中に渋滞《じゅうたい》でよそ見をして、前の車にぶつけてしまったんです。息子さんは、すぐに謝《あやま》ったそうなんですが、前の車の人がちょっと癖のある人で、かなり怒ってしまっているんです」

木戸さんは、息子がたいへんなことをしてしまったとうろたえました。続けて警察官を名乗る男性がいいました。「息子さんが警察を呼ばれて、本官が現場に来ているのですが、被害者の男性がなかなか落ち着いてくれず困っています。本官が説得して、なんとか現在１５０万円の示談金《じだんきん》を支払えば被害者はこの件を事件にしないで解決するといっています。息子さんにこの話をしたところ、自分にはお金がないので母親に連絡したいといったのです。息子さんの代わりに１５０万円を用意することができますか？」

木戸さんが突然の申し出に呆然《ぼうぜん》としていると、電話口の向こうで大声を出していた人物が「早く決めろ！　示談しないなら出るところに出るぞ！」などと怒鳴っているのが聞こえます。木戸さんは、「とにかく息子を助けなければ」と思い、１５０万円の支払いに応じることにしました。「それではいまから当警察署の者を行かせますので、30分後に自宅で現金を用意して待っていてください」と警察官役の男性が指示をし、木戸さんはいわれたとおりに急いで銀行に行って現金を引き出し用意していました。ぴったり30分後に私服刑事を名乗る男性が自宅を訪れ、木戸さんは現金を手渡してしまいました。

「これで息子は助かった」と息子に電話したところ、事故を起こしたなどという事実は一切ないことがわかりました。木戸さんははじめて、自分がだまされていたことに気がつきました。

どうすればよかったか

「はじめに」で説明したとおり、オレオレ詐欺《さぎ》や振り込め詐欺はいっこうに減る気配がありません。その手法は木戸さんの例のように、複数の登場人物を使うなど、日に日に巧妙化《こうみょうか》しています。自分は大丈夫、という考えは捨て、いつ自分も被害者になるかわからないという警戒心をもつようにしてください。

年金生活者が狙われる還付金詐欺

平松圭子さん（75歳）は、夫とふたりで年金暮らしをしています。

夫が不在のとき自宅に、「もしもし、私、社会保険事務所の還付金《かんぷきん》担当、佐藤と申します」という電話がかかってきました。いかにも役所の人間という感じの丁寧《ていねい》な話し方をする男性でした。「平松貞行さんはいらっしゃいますか？」と平松さんの夫の名前を出して、所在を確認されたため、平松さんは、いまは不在であると答えました。すると男性は、「そうですか、困りましたね。貞行さんに、現在特別年金還付金2万8931円があり、今日中に手続きしないと還付金を受けとれないのですが……」というのです。

平松さんは特別年金還付金という言葉をはじめて聞きましたが、つましい年金生活において約3万円もの現金収入があることは無視できるものではなく、「どうすればいいのでしょうか……」と焦《あせ》ってしまいました。

するとと男性は「ご家族であれば手続きができます。近くにコンビニＡＴＭはありませんか？そちらで手続きができます。詳しいやり方はＡＴＭの前で携帯電話で説明しますので、ＡＴＭに着きましたら、こちらの電話番号までお電話ください。あと１００万円以上の預金残高がある通帳と銀行カードが必要です」といいます。

平松さんは指示どおり携帯電話の番号を教え、自身の通帳と銀行カードを用意しました。口座にはいざというときの蓄えである１００万円が入っていました。

ＡＴＭに着くと、平松さんは携帯電話から教えられた番号に電話をかけました。平松さんは普段お金を下ろす際には窓口でおこなっておりＡＴＭは使ったことがありません。機械にも苦手《にがて》意識をもっていました。男性は携帯電話で、てきぱきと指示を出します。

「まずは銀行のカードを入れてください。そして〝振込〟のボタンを押してください。ＡＴＭが還付金手続きに直接対応していないため、〝振込〟ボタンを使います。送金先と出てきましたら、〇〇銀行××支店を選んでください。その後数字を入力する場面になったら、還付金確認番号９９８７６１を押してください。最後に〝実行〟を押すと完了です。お疲れさまでした。出てきたレシートは必要ありませんので破棄して構いません」

平松さんは、なにもわからないまま指示どおりに入力をすませました。なんとか完了したことがわかり安心していました。

その日の夜、平松さんの夫が帰宅した直後に、平松さんは還付金のことを夫に話しました。機械に強い夫は、その話は明らかにおかしいと気がつきます。翌日、通帳を記帳しにいったところ、通帳から99万8761円が見知らぬ口座に振り込まれていることがわかり、詐欺にあったことに気がついたのです。

どうすればよかったか

振り込め詐欺とは異なり、還付金詐欺と呼ばれる詐欺では、一定のお金が戻ってくることを理由にお金をだまし取ろうとします。直接お金を支払う振り込め詐欺にはだまされなくても、お金がもらえるということに欲が出て、うっかりだまされてしまう例が増えています。

こういった還付金詐欺ではATMが使われることが多いため、そもそもATMを使って還付金が戻ることはありえないことを知っておきましょう。相手の要求を疑うことのできる基本的な知識が必要です。

振り込め詐欺の被害者がさらにお金をだまし取られる

平良花さん（80歳）は田舎町の一軒家にひとりで暮らしています。じつは平良さん、いまから5年ほど前に、ちょうどそのとき流行《はや》りだした振り込め詐欺にひっかかってしまい、200万円もの貯金を失った経験がありました。

あるとき自宅に電話がかかってきました。電話の主は次のようなことをいいました。

「はじめまして、私、振り込め詐欺被害回復サポートセンターの工藤と申します。今回、警察の協力を得て、過去に振り込め詐欺の被害にあわれたみなさまに連絡させていただいております」

平良さんは、サポートセンターなる存在をまったく知らなかったため、あっけにとられながら電話を聞いていました。

「昨年『振り込め詐欺救済法』が国会にて成立したことはご存じですね？　この法律に基づいて、過去に被害を受けた方々へ経済的な被害回復が可能になりました。法律の規定によって、振り込め詐欺の加害者に対して強制的にその財産を差し押さえることができ、差し押さえたお金からみなさまへ被害金を回復できるのです」

平良さんは、年金生活でありながら現在蓄えが少なく、病気にでもなったらどうしようかと日々考えていました。ですから、被害金が回復されるのは願ってもないことであり「ぜひお願いします！」とすっかりこのサポートセンターの存在を信じてしまいました。

「了解いたしました。すぐに被害金回復の手続きを進めさせていただきます。一点注意が必要なのですが、救済法を利用しても、絶対に全額の被害回復ができるとは限りません。そのため供託《きょうたく》金《きん》として被害金額の半額を当サポートセンターに預けていただく必要があります。もちろんこれは供託金ですから後ほど返金いたします。その際、取り戻すことができた金額の５％がサポートセンターへの費用となり、それを差し引いた金額が戻ります」

平良さんは、供託金を自分が出さなければいけないことに少し違和感を覚えましたが、5％の費用をかけても被害金が返ってくれば得だと考えて、供託金を支払うことにしました。平良さんはなんとか100万円を用意し、サポートセンターの男性が指示する銀行口座に振り込みをしました。

その後、いつ被害が回復されたとの連絡があるか、毎日のように気にかけていましたが、いっこうに連絡がありません。しびれを切らしてサポートセンターに連絡しようとしましたが、平良さんは連絡先を聞いていません。

結局、いつまでたっても被害金の回復はされず、平良さんは自分がだまされていることに気がつきました。

どうすればよかったか

振り込め詐欺の被害にあった人の名簿は、詐欺師たちの間で流通し「だまされやすい人リスト」として使われているようです。平良さんも、このリストに掲載されており、被害回復詐欺のターゲットとして狙われてしまったのでしょう。

平良さんの例では「振り込め詐欺救済法」を被害回復の根拠にしています。たしかにこのような法律は存在していますが、この法律は振り込め詐欺に使われた口座を凍結して、そこにあるお金を被害者に分配する法律にすぎず、被害回復が高い確率で可能になるものではありません。もっともらしい説明には注意が必要です。

財産が差し押さえられる？　いまだに残る架空請求

棚橋健一さん（78歳）は年金をもらいながら、ひとりで生活をしています。

あるとき、自宅の郵便ポストにハガキが届いていました。いわゆる圧着ハガキといわれるもので、ハガキの端を摘《つま》んで剝《は》がすことにより中身を確認することができるハガキでした。送り主の名前は「債権管理執行センター」としか書かれていません。さっそく表面を剝がして確認したところ、次のような内容が書かれていました。

「棚橋健一　殿

当執行センターは、次の貴殿に対する債権執行の申し立てを受け付けました。つきましては、これより貴殿保有の財産に対する執行手続きを開始いたします。貴殿保有の預貯金口座の差し押さえ、貴殿保有の不動産に対する差し押さえ及び強制競売手続きを開始いたしますので、すみやかに自宅より退去するように通知いたします。

退去がない場合には、当センター職員及び執行官による強制排除手続きとなりますのでその旨《むね》ご了解ください。

債権額　借入金　１２０万５８００円　原因　昭和60年○月○日金銭消費貸借

※なお、心あたりのない場合、左記連絡先まで至急お電話ください。執行停止期限は本通知到

達後24時間以内となっております。これを過ぎると執行停止はできなくなりますのでご注意ください。

独立行政法人　債権管理執行センター不動産執行3部　執行官　山田太朗

電話　〇〇－〇〇〇〇－〇〇〇〇」

棚橋さんは、文面を見てびっくりしてしまいました。１２０万円もの借金なんてまったく身に覚えはありません。それにもかかわらず、家を競売にかけられでもしたらたまらないと考え、慌《あわ》てて記載《きさい》されていた電話番号に連絡しました。

すると、債権管理執行センターの山田なる人物が対応し、「もしかしたら、棚橋さんの個人情報が漏洩《ろうえい》して、架空の借金の借り入れがあると登録されているかもしれません。すぐに債権者に確認して取りさげさせますが、とりあえず１００万円の供託金を指定口座に供託してください。そうでなければ制度上執行を止めることができません。執行停止後に供託金については返金いたします」といったのです。

棚橋さんは、「よかった」と安心し、すぐにお金を指定口座に振り込んでしまいました。しかしその後、債権管理執行センターからはいっこうに連絡がありません。そこで弁護士に相談にいったところ、そのような機関は存在しておらず、完全にだまされていたことに気がついたのです。

どうすればよかったか

架空《かくう》請求は、これまでネットなどを頻繁《ひんぱん》に使う若者が対象とされてきましたが、現在では高齢者も被害の対象となっています。

架空請求はさまざまなパターンがありますが、棚橋さんの例のように、あたかも公的な機関であることを装《よそお》って、脅《おど》しをかけてくることがあります。このようなやり方に対して有効なのは、弁護士や国民生活センターなど、正確な知識をもっている人に相談をするということです。正確な知識さえあればこのような詐欺は防止することができます。

焦って不正確な知識のまま対処することは避けましょう。

身に覚えがなくても無視はＮＧ！「支払督促」の怖さ

藤森大介さん（63歳）は、妻とふたりで生活しています。中小企業の社長をしており人生経験も豊富、いまでも元気に仕事をしています。

あるとき藤森さんが自宅にいると、郵便配達員がやってきました。「特別送達《そうたつ》でーす」といいながら、裁判所からの封書を届けてくれました。受けとりの押印《おういん》が必要とのことで、いわれるままに押印します。

中を開けてみると、まったく記憶にないインターネットサイトの利用料金を請求するものでした。「支払督促《とくそく》」と記載されていますが、藤森さんにはなんのことかわかりません。

藤森さんは、テレビや新聞などで架空請求という詐欺が流行していることを知っていました。藤森さん自身インターネットはまったくやらないため、架空請求詐欺に間違いないと判断しました。藤森さんの調べたところでは、こういった架空請求に対しては、対応すると逆に個人情報を知られてしまい不利になるため、放っといたほうがいいということでした。そのため、通知を受けとった後、藤森さんは何もせず、いままでどおりの生活を続けていました。

しばらくすると、再度郵便配達員から連絡があり、今度は「仮執行宣言付支払督促」という書類が送られてきました。同じように印鑑を押して受けとりましたが、さっぱり内容がわかりません。今回も放っておこうと思いましたが、なんとなく不安に感じ、市役所でやっていた無料の弁護士法律相談に行くことにしました。

弁護士に相談すると、「支払督促」というのは裁判上の正式な手続きで、無視すると本当に財産の差し押さえを受ける可能性があるということがわかりました。裁判を簡略化したような手続きで、無視していると判決が下ったのと同じような効力が発生し、もっている不動産を競売にかけられてしまうこともあるというのです。

架空請求の多くは、こういった裁判上の手続きに見せかけて、実際にはなんの法律上の効果もない請求をするらしいのですが、ときどき本当に正式な手続きをする架空請求もあるとのことでした。

幸い藤森さんの場合には、弁護士が代理人となって異議を申し立てれば、請求を止めることができる段階でした。

藤森さんは、改めて無視をしてはいけない架空請求もあることに気がつき、恐ろしい気持ちになりました。

どうすればよかったか

藤森さんのように、裁判所から正式な請求をする架空請求もあります。なぜ架空請求なのに、裁判所がそれを認めて動くことがあるのか？　と疑問になることもありますが、あくまでこの段階では「裁判をはじめます」ということを裁判所が通知しているだけで、内容が正しいかどうかは判断されていないのです。ですからまったく根拠がないような請求も可能になってしまうのです。

いずれにせよ、「裁判所」から来た通知については慎重な判断が必要です。通知に記載された番号でなく自分で電話番号を調べて裁判所に確認することが必要です。それがむずかしければ、弁護士会の無料相談などを利用してください。

第5章

モメにもめる相続犯罪

2億円がいつのまにかハンコ代10万円に⁉

梅沢公平さん（60歳）は、男3人兄弟の末っ子で、甘やかされて育ってきました。実家は雪深い北国で、就職を機に都内に引っ越し、以来ほとんど実家に帰ることはありませんでした。数ヵ月前、90歳になる父親がガンのため亡くなりました。母親はすでに5年以上前に他界しており、父親の死亡による相続人は、公平さんと2人の兄の3人ということになりました。

父親の葬儀が終了してほっとしたのもつかの間、長男から「相続について話し合いがしたい」ともちかけられました。父親は広い畑をもっており、それをどうするかの話し合いです。最初に長男が口を開きました。

「うちの家系では代々長男がすべての田畑を引き継ぐことになっている。この近くの家を見てもみんなそうしている。だから今回もそうしようと思う。ただ、次男の○○はおれの近くに住んで一緒に畑仕事をしている。だから、○○には土地の半分をやろうと思う。公平、おまえは末っ子だし、東京にいるんだから畑はいらないだろ。さっそくそのことを書いた書類を用意しておいたから、ハンコを押してくれ」

梅沢さんは、東京にいる自分が田畑を多くもらうことはないだろうと、うすうす思ってはいましたが、まったくもらえないとは想定していませんでした。

そこで「なんにももらえないのはひどいじゃないか。法律はよくわからないけど、少しはもらえる分があるはずだ」と抗議しますが、兄たちは「法律もなにもない、ここらの習慣でそう決まっている」「おまえが畑をもらっても意味がない」「父さんが悲しむぞ！」などといって、いうことを聞きません。次男も長男の肩をもち、梅沢さんのことを批判します。いままでは比較的仲のよかった三兄弟でしたが、一気に険悪な雰囲気になってしまいました。

長時間の話し合いの間、梅沢さんはずっと兄2人から罵倒《ばとう》され続け、とうとう根負《こんま》けして、10万円のハンコ代をもらって遺産分割協議書に署名押印《おういん》することに同意してしまいました。

その後東京に帰りましたが、どうしても納得できず調べたところ、本当であれば自分にも2億円相当の土地を手に入れる権利があることを知りました。そこで弁護士に依頼して、遺産分割が無効であると争いました。

しかし結果として、梅沢さんの主張は認められなかったのです。梅沢さんは、一時の判断で署名押印してしまったことを心から後悔しました。

どうすればよかったか

相続財産がどのような割合で分割されるかという知識は相続でトラブルにあわないために身につけておくべき基本的な知識です。

「長男がすべての財産をもらう」という古い考えは、少なくとも法律上認められていません。

また、一度遺産分割協議書に署名押印してしまうと、それを引っくり返すのはとてもむずかしいことも覚えておいてください。

「早く終わらせたいからとりあえずサインする」という考え方ほど危険なものはありません。

兄弟でも油断は大敵！　相続は知らない人が損をする

沢田奈津美さんは62歳の女性。夫と持ち家に住み、とくに不自由のない生活を送っていました。

そんなとき、沢田さんの実の父親が老衰《ろうすい》のために亡くなりました。母親はすでに他界していたため、相続人は沢田さんと沢田さんの兄の2人だけでした。兄は結婚をせずに父親の家で父親の看病をしながら生活をしていました。

慌《あわ》ただしく父親の葬儀が終わると、父親の遺産をどのように分けるかの話し合いになりました。沢田さんは早くに結婚して自宅を出ており、父親の資産状況などについてはまったく知りませんでした。

沢田さんは兄から呼びだされました。そして兄は沢田さんに、このようにいったのです。

「おまえは、実家を出て嫁ぐときに父さんから土地と建物を買ってもらったな。おかげでなに不自由のない生活ができた。父さんに感謝しなくちゃいけない。ところで、相続には『寄与分《きよぶん》』という制度があって、生前に財産を受けとった人は、相続のときにさらに財産をもらうことはできないことになっている。ついては、おまえも相続で受けとる財産はない。そのことを確認するためにこの『相続分不存在証明書』に署名押印してくれ」

突然法律の話をもちだされて、沢田さんはよくわかりませんでした。しかし、嫁ぐ際に家を父に買ってもらったことは事実であったため、「それならしかたないのかな」と考えてしまいました。

「相続分不存在証明書」には、「私は被相続人から生活の資本としてすでに財産を受けとっており、改めて相続する財産はありませんのでその旨《むね》証明します」と書いてあります。

沢田さんは、本当に署名していいのか悩みました。

そんな沢田さんに、兄はしきりに署名押印をうながします。ついには「法律上、書かなければいけないことになっている。すぐに税務署へ提出する。期限が遅れれば罰せられることもあるぞ」などと脅《おど》してくるのです。兄の迫力に負け、沢田さんはとうとう署名押印してしまいました。

しばらくして、やはり納得がいかない沢田さんは、相続に詳しい弁護士に相談に行きました。すると、兄のいっていたことはすべてデタラメで、沢田さんが証明書に署名押印しなければいけない理由はありませんでした。

また、父の財産を調べてみると、不動産や株などがたくさんあり、寄与分があるとしても、沢田さんにも相当の額の財産を受けとる権利があることが判明しました。

沢田さんは、安易に署名押印してしまったことをとても後悔しました。

どうすればよかったか

沢田さんの例のように「相続分不存在証明書」があると、その証明書の署名者を除いて不動産の相続登記ができてしまいます。そのため意味もわからずに署名するのはとても危険です。

相続では、大きなお金が問題となるため、兄弟であってもだましあいが起きることが多いのです。弁護士などの専門家に相談したうえ、知識を身につけてから話し合いにのぞみましょう。

トラブル回避のためにつくった遺言でトラブル発生！

篠原秀夫さんは65歳の男性。兄弟は弟が1人いました。

あるとき、95歳になる母親が肺炎をこじらせ入院してしまいました。篠原さんは数回お見舞いに行きましたが、病状が悪化し母親はあっけなく亡くなってしまいました。高齢で体力が低下していたことが原因のようでした。

篠原さんは長男として葬儀を取り仕切り、それを終えるとあとは財産の整理だけということになりました。篠原さんが母の自宅の荷物整理をしていると、仏壇の棚の中から「公正証書遺言」が出てきたのです。

「遺言書があるなら相続でもめることはないだろう。ありがたいことだ」と篠原さんは思い、弟を呼びだして中身を見ることにしました。

するると、遺言書の内容は「老後の世話を全般的にみてくれた秀夫に財産をすべて渡したい」という内容だったのです。

なにも財産をもらえないことを知った弟は、怒りはじめました。「たしかに母さんの面倒をみていたのは兄ちゃんだけど、何ももらえないのはおかしいじゃないか！」といいだしたのです。じつは弟は当時ギャンブルに熱中して借金があり、お金に困っていたのです。

篠原さんは、「遺言でそうなっている以上しょうがないだろ。それが母さんの最後の望みなんだからしたがおうよ」といいましたが、弟はいっこうに納得する様子がありません。最後には篠原さんが、「相続した財産を少し分ける」とまで譲歩《じょうほ》しましたが、引き下がりません。

「おれにも考えがあるからね」という捨てゼリフをはいて弟は帰っていきました。

しばらくして、突然篠原さんの自宅に裁判所から封筒が届きました。内容は「母親が作成した公正証書遺言は、母親に意識障害がある状況で作成されたものであるため無効だ」という内容でした。

篠原さんの母親は、この遺言書を入院直後に病院につきあいのある弁護士を呼びだして作成していました。その際には弁護士が立会人となり公証人が病室を訪れて完成させているのですが、弟はそのとき母親の意識は正常ではなく、遺言書の内容を理解していなかった、だから無効だ、といいだしたのです。

篠原さんは、当時母親が遺言書を作成していたことをまったく知らなかったため、遺言書作成時に母親に意識があったかどうかなどはわかりません。しかし、訴えられた以上対応しないわけにはいかず、兄弟同士の泥沼の争いに巻きこまれてしまったのです……。

どうすればよかったか

遺言書というのは、財産の配分方法を明確に記載《きさい》して作成する書面であり、通常遺言書があれば相続争いを避けることができます。

この遺言書の作成には、法律上「意思《いし》能力」と呼ばれる「物事をしっかりと認識する能力」が必要とされています。高齢者が遺言書を作成する際には、作成時にこの「意思能力」が本当にあったのかどうかが問題とされることが多く注意が必要です。

対応策としては、遺言書の作成を考えたら、意思能力に疑問が起きないよう早い時期に作成することが重要です。

知らないと損をする自筆証書遺言のつくり方

内野久秀さんは75歳の男性。妻に先立たれ、ひとりで暮らしていました。あるとき囲碁《いご》仲間のひとりが亡くなり、それをきっかけに自分が死んだときのことを真剣に考えるようになりました。

気になるのは、もっている財産をどのように相続させるかです。じつは内野さんには３人の子どもがいるのですが、昔からあまり仲がよくなく、互いのつきあいもないのです。

内野さんが友人に相談したところ、「それなら遺言書をつくっておけばいい」といわれたため、さっそく遺言書をつくることにしました。

内野さんは字が下手だったため、パソコンのワープロソフトで遺言書を作成しました。内容としては次のようなものです。

「遺言状

私は次のとおりに遺言します。

一、長男○○には、次の財産を相続させる。

・○市○区○丁目○番所在　宅地○○平方メートル

二、次男▽▽には、次の財産を相続させる。

・▽▽銀行の定期預金　金▽▽円

三、長女△△には、次の財産を相続させる。

・△△株式会社　株券△△株

平成○○年○月吉日

内野久秀」

完成後、内野さんはこれを自宅のプリンターで印字し、自分の印鑑をついて金庫に保存しておきました。

数年後、内野さんは病気が原因で亡くなり、相続が始まりました。

長男が自宅を整理していたところ、内野さんが作成していたこの遺言書が見つかりました。長男は、兄弟全員にこれを見せて「遺言書のとおりに財産を分けよう」といいました。

すると、夫が法律に詳しかった長女が「この遺言書はパソコンのワープロソフトで書かれているから無効ではないか」といいだしたのです。

そこで長男が調べてみると、この遺言書は、法律上は無効なもので、遺言書どおりに相続をしなくてもいいことがわかりました。しかし、それから内野さんが心配したとおり、仲の悪かった兄弟同士で相続争いが始まってしまったのです。

どうすればよかったか

自分ひとりで作成できる自筆証書遺言は便利な遺言書といえますが、内野さんの例のように無効となる場合が少なくありません。内野さんのケースで問題があるのは、まず内野さんが自分の手書きで遺言書を作成していないという点です。

自筆証書遺言はその名称のとおり手書きでの作成が原則です。また、自筆証書遺言には日付が必要ですが、「○月吉日」という記載では日付と認められません。

その他に、氏名がゴム印などではなく自筆で書かれていることも必要ですし、押印がされていることも必要です。押印は認め印でもよいとされていますが、本人作成のものであることを示すために実印を使うほうがよいでしょう。

まさか私に相続が？　知っておくべき相続放棄の知識

戸田久美子さんは今年70歳になる女性。戸田さんには10歳も年の離れた兄がいました。子どものときは仲のいい兄弟でしたが、おとなになってからは疎遠《そえん》になり、年賀状のやりとりをするくらいで、お互いの生活状況はほとんど知らない関係になっていました。

あるとき、兄のひとり息子から電話連絡があり、兄が交通事故で死亡したということを聞きました。突然のことで驚きましたが、葬儀に出席し、またいつもの生活に戻りました。

しばらくして、突然聞いたこともない金融会社から、１０００万円の借金を返済せよ、という内容の通知が届きました。まったく身に覚えのない借金だったため、なにかの間違いではないか、とさっそくその金融会社に抗議の電話をしました。

すると、担当者の男性は淡々とした事務的な対応で、「あなたのお兄様にあたる方がもともと借り入れをしており、それが相続によりあなたの借り入れになりました」というのです。それもわけがわからず、すぐに戸田さんが兄のひとり息子に確認をしたところ、次のようなことがわかりました。

兄は、妻とは相当前に離婚しており、相続人となるのはひとり息子だけでした。息子が兄の相続財産を調べたところ、兄は自営業をしていたころの借金がたくさん残っており、唯一の財産である土地と建物を含めたとしても、全体の財産はマイナスで借金が残るだけの状態であったそうです。

そこで兄の息子は、相続の放棄を家庭裁判所に申し立て、それが認められました。

法律上、相続の放棄が認められると、その人ははじめから相続人ではなかったことになります。そうすると、相続する権利は法律上の次の候補者に移ることになるのです。

ひとり息子が相続人ではなかったとなると、次に相続の権利を得ることになるのは、死んだ人の兄弟姉妹ということになります。

戸田さんは、兄とふたり兄弟でしたから、戸田さんが借金を含めた財産の相続をすることになってしまったのです。ひとり息子が相続放棄をしたときに、戸田さんに知らせてくれればよかったのですが、戸田さんは兄のひとり息子とほとんど連絡をとっていなかったため、放棄したことを知らされていなかったのです。

戸田さんは面倒な親戚つきあいを疎《おろそ》かにしてきたことを深く後悔しました。

どうすればよかったか

戸田さんの例のように、相続放棄をするとその人は相続人でなくなり、他の親族に相続が発生することになるという知識はとても重要です。プラスの財産ばかりがある場合にはあまり問題になりませんが、借金などのマイナスの財産があるとたいへんなことになってしまいます。

その後、戸田さんは慌《あわ》てて弁護士に相談したところ、相続放棄ができる期限である「相続の開始があったことを知ったときから３ヵ月」をまだ過ぎていないことがわかり、無事放棄をして借金を逃れることができました。相続放棄については、一定の期限内に手続きをしなければ手遅れになることも併《あわ》せて知っておいてください。

えこひいきは許さない！　遺留分減殺請求が争族を生みだす

岩田芳雄さん（80歳）は自分の行く末を考えて、元気なうちに遺言書を作成しておくことにしました。岩田さんの家は、代々の地主で、現金はあまりありませんが、土地や建物をたくさん保有しておりました。

岩田さんには４人の子どもがいました。それぞれ独立はしていましたが、問題は末っ子の次男でした。兄１人、姉２人という環境のせいか、昔から甘ったれでギャンブルや女性問題などを起こしては岩田さんがその尻拭《しりぬぐ》いをしてきたのです。

遺言書を作成するにあたっては、この末っ子には財産を一切残さないような形にすることにしました。長男と娘２人に土地建物といった財産のすべてを譲るように遺言書を作成したのです。

それから10年ほど経過して、岩田さんは亡くなってしまいました。相続の手続きを始めるにあたって、長男は岩田さんの生前、「おれが死んだら相続はおまえに頼む。じつは遺言書を書いてあるから、おれが死んだら金庫の中を見てくれ」といわれていました。

さっそく遺言書を探しだし、その内容どおりに手続きをすすめようとしました。

遺言書を開けてみると、長男と長女、次女に財産のすべてを譲るという内容が書いてあり、さっそくこれを、兄弟全員を集めたうえで見せました。

すると、やはり末っ子の次男が噛《か》みつきます。次男は、父親が生前自分の後始末に追われて自分のことをよく思っていなかったことを知っており、財産分与がゼロであることを想定して準備をしていたようです。

「おやじの遺言書には絶対に納得できない。おやじの遺言書は法律上の問題がある、法律では遺《い》留分《りゅうぶん》っていう最低限確保しておかなければならない相続分があるんだ。この遺言は遺留分の規定を守っていない」といいだしたのです。

他の兄弟たちは、相続の法律については知識がないため、何をいっているのかわからないという顔をしています。「あとでみんなのところに弁護士から通知書を送らせるからなッ」そういって次男は兄弟会議の場から抜けだしてしまいました。

それから1ヵ月経過し、各兄弟のところに本当に弁護士から通知書が届きました。内容は、「侵害された遺留分相当額の財産を引き渡せ」というものです。

その額は全体の８分の１にすぎませんでしたが、相続した財産はほとんどが土地や家屋といった不動産であり、いずれかの不動産を売却しなければなりません。

結局、岩田さんが避けたかった争族が起きてしまい、兄弟たちはみんな困惑してしまいました。

どうすればよかったか

遺留分というのは相続人に最低限残しておく必要のある財産です。子どもだけが相続人となる場合の遺留分は遺産全体の２分の１で、これを子どもの数で割ると１人分の遺留分を計算することができます。

遺留分でもめないためには、遺言書の中で遺留分だけは相続させておくという方法が確実です。

また、家庭裁判所への許可が必要になりますが、事前に放棄をさせることも可能です。

相続発生で見知らぬ相続人や関係者が続々登場

二宮薫さん（65歳）は子どもには恵まれませんでしたが、夫と仲よく暮らしていました。自分より10歳も年上の夫は、生きている間しょっちゅう二宮さんに、「おれが死んだら財産は全部おまえのものだ。おれたちには子どもがいなかったからなァ。大した財産は残してやれないけど、狭いながら土地と住む家がある。のんびり暮らしていくには充分だろう」といっていました。

二宮さんは「死ぬなんていわないでください」などといいながら、聞き流していました。

数年後、二宮さんの夫が突然倒れ、緊急手術をしたもののあっという間に亡くなってしまいました。二宮さんは悲しみましたが、なんとか葬儀などの一連の手続きを終え、あとは相続による財産整理をするだけとなりました。

懇意《こんい》にしていた司法書士さんに自宅の名義変更をお願いしたところ、登記に必要な戸籍などを調べていた司法書士さんから、「亡くなられたご主人には、子どもさんがいるようですね。この方も相続する権利があるので、二宮さんだけの名義にすることはできません」といわれてしまったのです。

夫に子どもがいたと知って二宮さんはびっくり仰天《ぎょうてん》。そんな話は一度も夫から聞いたことはなかったからです。戸籍の住所に連絡をとってみると、たしかにその子どもは存在していました。なんでも二宮さんと結婚する前に交際していた女性との間にできていた子どもで、夫が認知していたそうです。その子どもに二宮さんが相続の話をすると、「もらえるものはもらいます」と相続を主張してきます。

突然の子どもの存在に二宮さんが頭をかかえていたところ、今度は夫の友人を名乗る男性が自宅を訪問してきました。どうしたことか話を聞いてみるとその友人は、夫の生前に夫に対して500万円ものお金を貸していたというのです。

二宮さんはまったくそのような話を聞いていませんでした。二宮さんが、その友人を名乗る男性に「借用書などはあるのか」と聞いても、「仲のよい友人だったので、そんなものはつくっていない。でも貸したのは確実だ」といって聞かないのです。

二宮さんが対応に困っていると、さらに夫の友人を名乗る男性がやってきて、「私は二宮さんとの間で、二宮さんが死んだら車をもらう約束をしていた、だから車を渡してほしい」というのです。

二宮さんは次々と訪れるトラブルに疲弊《ひへい》し、体調を崩してしまいました。

どうすればよかったか

亡くなられた人に隠し子がいたというのは、もめる相続によくあることです。生前から被相続人に隠している家族がいないか確認したり、死亡したらすぐに、その亡くなった人が生まれたときの状況にまで遡《さかのぼ》って、相続人が誰なのかを調べておく必要があるでしょう。

また死亡を機に、亡くなった人の知人や知り合いが「貸したお金を返せ」などといってくることがあります。資料や証拠があれば、相続のうえ、支払うという対応が必要な場合があります。

しかし、故人の友人関係や財産状況を調べるのは不可能なこともあります。そういった場合には、訴訟《そしょう》などで白黒をつける方法や、プラスの財産が少ないような場合には相続放棄をしてしまうという対処法があります。

第６章

住まいをめぐる
ご近所犯罪

隣との騒音問題で精神科に通院

井手初枝さん（70歳）は長年アパートの一室でひとり暮らしをしていました。井手さんの悩みのタネは隣に住んでいる女性の騒音。隣の女性は近所でも有名な問題女性で、自宅で大音量のテレビを24時間つけっぱなしにしたり、わざと壁や床を叩《たた》いて周囲の住民にいやがらせをしているのでした。

井手さんは、普段から隣の女性の騒音には手を焼いており、管理会社に何度も苦情を申し入れていましたがいっこうに改善しません。2～3回管理会社が、直接隣の女性を訪問して注意をしてくれたこともありましたが、それ以降は「当事者の間で話し合いをしてください」というばかりでまったく動く気配がありません。井手さんは、経済的に余裕のない生活をしており、簡単に引っ越すこともできない状況でした。

あるときから、騒音に加え大声での歌声が聞こえてくるようになりました。なんでも最近その女性はカラオケ教室に通いはじめたらしく、早朝でも深夜でもまったく気にすることなく大声で歌いはじめたのです。

それまではなんとか耐えていた井手さんも我慢がならず、とうとう直接女性の部屋を訪ね、文句をいいにいくことにしました。

隣の女性は突然の井手さんの訪問に動揺する様子を見せていましたが、井手さんが抗議をしても逆に「自分の家で歌を歌ってなにが悪い？　禁止している法律はあるのか？」などといいだす始末。まったく反省する気配がありません。警察にも相談に行きましたが、警察が来ている間だけは女性も、大声や騒音を出すのをやめたため、警察は動いてくれませんでした。

悪いことにその日から井手さんは、その隣の女性のターゲットになってしまったようで、毎日1時間近く壁をドンドンと叩き続けるといういやがらせを受けるようになってしまいました。井手さんは、このために精神的に不安定になり、隣の女性の騒音を聞くたびに動悸《どうき》を覚えるようになってしまい、ついには精神科へ通院せざるをえなくなりました。

そこで騒音問題に詳しい弁護士に依頼して、慰謝料《いしゃりょう》などを請求する裁判を起こしました。隣の女性は「騒音など発生させていない」と反論して、まだまだ裁判は続きそうな見込みです。

どうすればよかったか

騒音トラブルはマンションが増加した現代においてはいつ巻きこまれてもおかしくない近隣トラブルといえます。

騒音があまりにもひどく継続している場合、民事裁判をすることで、相手に対して慰謝料を請求したり、騒音を発生させないように命じることが可能です。

過去の判例では、24時間大音量で音楽をかけ続けるなどの騒音を発生させた人物に対して、刑法上の傷害罪が発生するとして、実刑判決を命じた例もあります。

隣人とのトラブルではまずは話し合いによる解決がベストですが、いざという場合には裁判などの手段も検討する必要があります。

移住した地域で村八分状態に

馬場壮一さん（65歳）は大手企業に勤めていましたが、定年退職になり現役時代から憧《あこが》れていた田舎暮らしを実行に移すことになりました。

以前から目をつけていた東北地方のある場所に中古の家を購入。妻とふたりでさっそく新しい生活を始めました。

馬場さんが住みはじめた場所は、ほとんど高齢者ばかりでほかの集落との交流も少ない閉鎖的な場所でした。村のすべてを取り仕切る顔役と呼ばれる人がおり、村だけのしきたりもあるようでした。馬場さんは、なるべく早く他の住民たちに溶けこもうとがんばっていました。

そんなある日、村長を決める選挙がおこなわれることになりました。

その村では、選挙の際には住んでいる場所ごとに投票する候補者を誰にするか決まっており、それに反する投票をすることは許されないことになっていました。馬場さんも顔役からそのことを聞かされましたが、馬場さんは人一倍正義感が強い人で「そんな取り決めはおかしい」といって、決められた候補とは違う候補者に投票しました。

すると投票日の翌日から周囲の住民の様子が明らかに変わりました。どうやら馬場さんが誰に投票したかの情報がもれているらしく、すれ違っても挨拶をしない、遠くから指をさしてヒソヒソ話をされるなど、周囲の住民が明らかに馬場さんに冷たくあたるようになったのです。

また、いままではまわってきていた回覧板も、いつの間にか馬場さんの家だけを飛ばしてまわされるようになりました。そのため、馬場さんは自治会の集まりに参加することができず、不参加のままいちばんたいへんな村の掃除担当にさせられてしまいました。

さらに、楽しみにしていた村の祭りにも一切呼ばれなくなり、村の行事にはまったく参加できないようになりました。まさに村八分状態です。

その後、村八分の状態はさらにエスカレートし、馬場さんの家はゴミを出すことが禁止され、「早く村から出ていけ」という脅迫状《きょうはくじょう》が届くようになりました。また、「馬場さんは前科者である」「裏社会とのつながりがある」などの怪文書《かいぶんしょ》がまかれることもあり、馬場さんも奥さんも精神的にすっかり参ってしまい、精神科を受診するようになってしまいました。

現在では、「生活環境を変えたほうがいい」という精神科医のアドバイスにより、馬場さんは引っ越しを考えるようになりました。

どうすればよかったか

馬場さんのケースでは、馬場さん自身になんの問題もないにもかかわらず村八分の扱いを受け、脅迫状まで受けています。脅迫状の送り主に対しては、「脅迫罪」が成立するため刑事告訴をすることができます。また、事実無根の怪文書を書かれてしまったことについては、名誉毀損罪《めいよきそんざい》にあたるとして告訴することも可能ですし、民事上の慰謝料請求もすることが可能です。

もっとも、脅迫状や怪文書をつくった人を特定するのはむずかしく、現実的にこれらの請求をするのは困難かもしれません。閉鎖的な地域への移住を考えるときには、地域の雰囲気や実情も事前に調べておくべきでしょう。

「おたくのベランダがうちの土地にかかっている」境界問題勃発

大沢勝久さん（60歳）は都内に20年前に一軒家を建てて、家族と一緒に住んでいました。

都内の狭い土地に建っている家であったため、隣の家との隙間はかなり狭く、窓を開ければすぐに隣の家の壁という状況でした。しかし、隣人とは家を建てて以来、良好な関係を続けており、トラブルになったことはありませんでした。

しかし、隣の家の住人が「広い家に引っ越す」といって家を売りに出し、新しい住人が家を購入してからトラブルが起きるようになりました。

隣の家の住人は、かなり細かいことが気になる人物のようで、引っ越して早々に「おたくのべランダがうちの土地にかかっている！　なんとかしろ！」と怒鳴りこんできたのです。

大沢さんははじめてそのようなことをいわれたため、びっくりしてしまいましたが、目で確認する限り、たしかにベランダが少し隣の土地にかかっているような気がします。

そこで専門業者に確認してもらったところ、わずか20センチほど大沢さんの家のベランダが隣の家の土地にかかっていることがわかりました。

隣人は「それみたことか！」といって、「いますぐにベランダを撤去しろ」と迫ってきましたが、いままで問題にもなっていなかったことなので、大沢さんはどうしていいかわからなくなってしまいました。

そこで、とりあえず弁護士に相談をしてみることにしました。

弁護士のいうことには、「原則として自分の土地の上に建物を建てるときには、境界線いっぱいに建物を建てることはできず、境界線から50センチ以上離して建てなければならない」ということでした。

大沢さんのベランダは、隣家の土地に20センチほどかかっているということですから、自分の土地の境界線から50センチ以内にあるという法律上の原則に違反しています。

そこで念のためベランダの撤去費用の見積もりを工務店に依頼しましたが、最低でも１５０万円以上かかることがわかり、とてもじゃないけど負担できないことがわかりました。

隣人は相変わらず毎日のように苦情をいってきており、大沢さんは途方にくれてしまいました。

どうすればよかったか

大沢さんが弁護士から指摘されたとおり、自分の土地に建物を建てる場合、境界から50センチは離すことが必要とされています。そして、これに違反する建物を建築しようとするときは、その中止や変更を求めることが可能です。

しかし、法律では「建築に着手したときから一年を経過し、又はその建物が完成した後は、損害賠償の請求のみをすることができる」とされており、すでに建物が建っていれば取り壊せとはいえません。

大沢さんも取り壊しは不要であり、相当額の解決金などで手を打つことが可能です。

プ〜ンと臭うゴミ屋敷、対処法はあるのか

大川憲三さん（62歳）は東京都内で中華料理屋を営《いとな》んでいる個人事業主です。味にはまずまずの自信があり、お客さんもそこそこ入っていました。

ところがある時期から、突然客足が鈍《にぶ》り、お客さんが全然入らなくなってしまいました。

原因は明らかです。それは隣に、いわゆるゴミ屋敷ができてしまったからです。大川さんのお店は、自宅の1階部分を店舗にしており、2階は住居になっています。隣には同じく住宅があり、

高齢の女性がひとりで暮らしていました。

それまではとくにゴミ屋敷ではなかったのですが、数年前から隣家の女性がゴミを自宅に集めるようになり、隣家の狭い庭に電気製品や家具といった粗大ゴミが置かれるようになったのです。

そのうち、粗大ゴミだけではなく半透明の袋に入った明らかに可燃ゴミだとわかる袋も積まれるようになり、あっという間に隣家はゴミ屋敷になってしまいました。

寒い季節はまだよかったのですが、暑い季節になるにつれてゴミからは異臭が漂うようになりました。いまでは暑くても窓を開けると異臭が漂い、窓を閉め切るしかありません。

また大量のハエが発生するようになり、大川さんのお店にとっては大ダメージです。いつの間にか、お店でも常に異臭が感じられるようになり、お客さんが日に日に減っていきました。

これではたまらないと思い、大川さんは隣家の女性に抗議しに行きました。しかし、隣家の女性は「これはまだまだ使える財産だ！　ゴミなんかじゃない！　勝手にもっていったら窃盗罪《せっとうざい》で訴えるぞ！」といいだし、まったく話を聞く様子はありません。

市役所にも相談に行き、職員が隣家の女性に注意をしてくれたこともありました。しかし効果はいっこうにありません。職員も「本人が『財産である』という以上、勝手にゴミを撤去することはできません」ということで、注意する以上のことはできないと断られてしまいました。

弁護士にも相談しましたが、弁護士には「廃棄物処理法の適用される廃棄物処理業者であれば、ゴミを放置するなどの行為が禁止されており、対応法もあるが、隣家の女性はあくまでも個人であり適用できない」といわれてしまいました。

客足が激減してしまい、生活できなくなる可能性もある大川さんは、裁判を起こして女性に慰謝料を請求することも検討しています。

どうすればよかったか

ゴミ屋敷問題は、近年社会的に注目されている問題であり、誰でも被害にあう可能性がありま す。大川さんのケースで弁護士が回答したとおり、法律でこの問題を解決することはむずかしく、今後法律制定が必要な問題です。

大川さんの例のように、ゴミ屋敷が原因で明らかな損害を受けた場合、慰謝料などの損害賠償を請求することは可能でしょう。しかし、あくまでも金銭的な解決であり、実際にゴミを撤去するように求めることはむずかしいといえます。

この点、条例などでゴミの撤去費用を負担し、ゴミ屋敷解消を進める自治体もあるようですので、自治体への相談も一つの対処法といえます。

隣は崖！ 崩れる前に対応する方法はあるか

森本四郎さん（67歳）はリタイア後、田舎に土地を買って第二の人生を楽しんでいるところでした。

あるとき、大きめの地震がありました。地震自体はそれほどでもなかったのですが、そのとき森本さんの家の裏手から、ドサドサッという大きな音がしました。

慌《あわ》てて見てみると、森本さんの家の裏手の崖《がけ》が一部崩壊し、土砂《どしゃ》崩《くず》れを起こしていたのです。

じつは、森本さんと隣の家の間には高さ約10メートルもの崖があり、崖が隣家の土地となっており両者の境界になっていたのです。

さいわい崖の一部が崩れた程度で影響はありませんでしたが、崖は赤土がむき出しのままになっており、今後いつまた崖崩れが起きるかわかりません。

そこで森本さんは、隣家の男性住人に対して、「崖の擁壁《ようへき》工事をして今後、土砂崩れが起きないようにしてほしい」と申し入れをしました。

しかし、隣家の男性は崖からかなり離れた場所に家を建てており、自分の家が崖崩れの影響を受けないことをいいことに、いっこうに擁壁工事に着手する様子がありません。「崩れることはないから大丈夫ですよ」などと根拠のない説明に終始して、まったく動こうとしないのです。

たまりかねた森本さんは、直接話をするだけではなく、文書で工事の開始を要求するなど何度も交渉をしていました。

そうしたところ隣家の男性は、だんだんと怒りはじめ、「そんなにいうなら自分で工事すればいいだろう！　もちろん費用はそちらが負担すべきだ！」などといいはじめたのです。

自分の土地なのになんて無責任なと思いつつも、費用を見積もると300万円もかかるということでした。森本さんはどうしたものかと悩みましたが、仮に崖が崩壊して土砂が自分の土地に崩れ落ちてきたら300万円どころの被害ではない！　と考え、なくなく費用を負担して擁壁工事をすることにしました。

隣家の男性は工事のために土地に立ち入ること自体は認めてくれましたが、費用を負担するつもりはないようです。

隣家の住人に費用を負担させる方法はないものか、森本さんは頭をかかえてしまいました。

どうすればよかったか

本件のように隣家の土地や建物が、自分の土地建物に損害を及ぼしそうな場合、法律的に対応する方法はあるのでしょうか？

土地の所有権をもっている人は、法律上「妨害予防請求権」という権利が認められており、損害を予防するように相手に請求する権利があるのです。

しかし、予防することを請求できるといっても、予防行為の費用を全額相手に負担させることができるかは別問題です。ケースによりますが、過去の判例では予防行為の費用を双方《そうほう》で半額にするというものもあり、森本さんの場合にも費用の半額を請求することができる可能性は充分あります。

隣の犬が気になって……飼うのをやめさせる方法はないか

北村音子さん（60歳）は中規模都市の郊外の一軒家に暮らしています。隣人とは20年以上のつきあいで、お互い専業主婦ということもあり、とても仲よくしていました。

ある日、隣人が突然犬を飼いはじめました。なんでも大学生のひとり息子が就職して独立したため、寂しくなって飼いはじめたということでした。

生き物にあまり興味のなかった北村さんは、とくに気にしていませんでしたが、だんだんと犬をめぐって隣人との関係が不仲になっていったのです。

最初は犬の鳴き声が問題になりました。隣人が飼うことを決めた犬は、外国の犬種で体が大きく、鳴き声もとても大きかったのです。

隣人が散歩をしなかったときには、夜中に突然犬が興奮状態になり、深夜であるにもかかわらず大きな声で鳴き続けるのです。明け方まで鳴き声がやまず、一睡もできないこともありました。

北村さんは、隣人との関係を壊したくないためにやんわりとしか注意をしませんでした。注意するとしばらくは鳴き声がやむのですが、1ヵ月もたつとまた同じような状態になってしまうのです。

また、隣人の犬はとても気性《きしょう》が荒く、北村さんが近づくと吠《ほ》えながら口を開けて近づいてくるのです。北村さんの娘夫婦が遊びにきていたとき、犬が突然3歳の孫に向かって突進し、孫は驚いて転んでしまい、軽い怪我をしたこともありました。

そのようなことがあるたびに、隣人に対して「しっかりと鎖《くさり》でつないでおいてほしい」などと抗議をしていましたが、隣人はいうことを聞かず、隣人と北村さんとの関係はよりいっそう悪化していきました。

そのうち、北村さんの抗議を快く思っていなかった隣人は、いやがらせとして犬の糞《ふん》を北村さんの家の門に置くようにもなりました。北村さんは証拠を摑《つか》んで隣人に抗議をしましたが、隣人は「うちじゃない。侮辱《ぶじょく》するな」などといって逆に文句をいってくるような状態でした。

ある日、突然隣人の犬が死んでしまいました。北村さんは、犬には悪いなと思いつつも、「これで毎日安心して寝られる」とほっとしました。

しかし、最近聞いた話によると、隣人は再度犬を飼いはじめるつもりだそうです。北村さんは「なんとか隣人に犬を飼わないようにさせる方法はないか」と悩むようになりました。

どうすればよかったか

ペットをめぐるトラブルは昔からなくならないトラブルの一つです。原則としてペットを飼うかどうかは個人の自由な判断に委《ゆだ》ねられる事柄であるため、他人に対して「ペットを飼うな」と強要することはできません。

しかし、ペットを飼うことが自由であっても、ペットが他人に迷惑をかけた場合、飼い主には一定の責任が発生します。北村さんの例でいえば、ペットが孫に襲いかかり怪我をしたという点について、飼い主である隣人に慰謝料を請求できる可能性があります。

「明日からうちの土地は通るな！」袋地でも他人の土地は通れない？

川俣広重さん（65歳）は東京近郊に土地をもち、一軒家を建てて住んでいました。川俣さんがもっていた土地は、父親から相続した土地で、父親はもともとそのあたり一帯の土地をたくさん保有していた地主からその土地を譲《ゆず》り受けたということでした。

川俣さんの土地は、公道に面していない土地です。父親が地主から土地を購入したときには、川俣さんの土地に隣接している公道に面した土地を無料で使うことが認められており、川俣さんの父親も川俣さん自身も、その地主の土地の一部を日常的に使って生活をしていました。

5年ほど前、突然地主が川俣さんの隣接地で川俣さんが日常の通行のために使っている土地を他人に売却することが決まりました。新しく隣接地の所有者となったのは中小企業の社長さんのようで、みるみるうちに豪邸が建ちました。

隣接地の男性とは最初の挨拶以外とくにつきあいはありませんでしたが、これまでどおり川俣さんが土地を通行することについて、何かいってくることはありませんでした。

ところが、半年ほど前から、突如隣接地の男性が、「おたくが毎日通っている土地は登記簿上《とうきぼ》うちの土地だ。だから今後は通らないようにしてほしい。もしどうしても土地を通るというのであれば、月額3万円の通行料を支払ってほしい」といってきたのです。

突然のこのような提案に川俣さんはびっくりしましたが、どうやら隣人の男性は経営していた会社がうまくいかなくなり、かなりお金に困っていたようです。

それまで無料で使えていた土地が、突然お金を払わねばならなくなるというのは納得できることではありません。川俣さんは隣接地の男性に対して、いままでの経緯からして無料で通行させてほしいと申し入れをしました。

しかし男性は、「地主が通ってもいいといったのはあくまで地主とあなたの間の話だけだろう。私とあなたの間ではそんな約束をしていないのだから、無料で通行させるわけにはいかない」といって聞きません。

川俣さんはいろいろと法律などを調べ、公道に面した部分がない土地には囲繞地通行権《いにょうちつうこうけん》という法律上の通行権があり、これを根拠に隣接地の男性と交渉をしてみました。しかし隣接地の男性は「そんなものは知らん」といって、いっこうに話を聞こうとしないため、川俣さんは頭をかかえてしまいました。

どうすればよかったか

川俣さんの例のように、公道に面していない土地については囲繞地通行権といって、他の公道に面した土地を通行する権利があります。

囲繞地通行権についてはいろいろなルールがありますが、川俣さんの土地についてはもともと地主の土地の一部であったということもあり、その地主の土地上に通行権があることは明らかです。

この通行権は、隣地を譲り受けた人にも及びます。ですから、今回のケースも川俣さんに通行権があるのは明らかで、川俣さんは隣人が何をいおうが、土地を通行することができます。

建て替え決議で強制追いだし？　マンション建て替えの落とし穴

八木邦夫さん（80歳）は妻とふたり暮らしです。八木さんは、郊外に一軒家をもっていましたが、70歳になったとき車がないと生活していけない一軒家の暮らしに不安を感じ、家を売ってなにかと生活に便利な都内のマンションを購入し住んでいました。

マンションといっても都内のマンションは高く、八木さんが実際に購入したのは築40年の古くて安い物件でした。しかし、やはり生活は便利になり、妻とふたり、なに不自由なく生活をしていました。

ところが、最近管理組合の中から「マンションを建て替えよう」という動きが出てきたのです。

たしかに住んでいるマンションは近隣にあるマンションの中でも圧倒的に古いマンションで、客観的に見れば建て替えるべき時期にきていました。

しかし現在80歳の八木さんにとってみれば、あとどれだけの年月住めるかどうかもわからないマンションに、高額の金銭負担をして建て替えるモチベーションはありません。

そのため、八木さんは高齢者のマンション入居者に呼びかけをおこない、建て替え反対の運動をしましたが、八木さんのマンションは駅に近い物件で建て替えをすればかなりマンションの価値が上がることが見込まれており、建て替え後の売却を目的に賛成する人もたくさんいました。

結果、マンションを建て替えるかどうかについて、所有者の多数決を取ることになったのです。八木さんは「多数決で決めるなんて横暴だ！」と抗議しましたが、管理組合の理事は「区分所有法で多数決の結果5分の4以上の賛成があれば反対者がいても建て替えが可能である」と説明され、あきらめざるをえませんでした。

多数決の結果は、なんと賛成派が5分の4以上を占め、建て替えをすることが決まってしまいました。

それでも八木さんは「おれは絶対に認めない！」といって、工事のための立ち退きを無視していました。すると突然、八木さんの家に建て替え参加者から「マンションの売り渡しを請求する通知」が届いたのです。慌てて、建て替え参加者に確認すると、「法律上この通知が届くと、売《うり》渡《わたし》契約が成立することになり、八木さんは出ていかなくてはならない」と説明されました。

勝手に売渡契約が成立するなんておかしいだろ！　と思いつつ、八木さんは今後どこに住めばいいのか、頭を痛めずにはいられませんでした。

どうすればよかったか

八木さんの例のようにマンションなどの集合住宅では、区分所有法により多数決でマンションの建て替えを決定することが認められています。

また、参加に反対した人は、建て替えに応じるか、建て替え参加者などからの売渡請求に対応するしかありません。売渡請求は、請求が届いた時点で契約が成立したことになり、合意がなくても売り渡さなくてはいけなくなるので注意が必要です。

高齢者にとって、マンションを追いだされて新たに家を購入したり高額の家賃を負担するのは極《きわ》めて酷な結果になります。建て替え後のマンションに賃借権を認めてもらうなどの交渉も、一つの解決方法といえるでしょう。

認知症になり問題行動をする隣人に損害賠償を請求できるか

有村有子さん（70歳）は閑静な住宅街に一軒家をもち、夫とふたりで生活をしています。有村さんの住んでいるところは、昔ニュータウンという名前でたくさんの住宅が一斉《いっせい》に建てられ、住民が集まった場所です。しかし、それから40年以上も経過し、いまでは老人ばかり、子どもの声が聞こえてくることはほとんどありません。

有村さんの隣家にも、有村さんと同じように約40年前に移り住んで現在も住んでいる夫婦がいます。有村さんと同じように子どもたちは独立し、夫婦ふたりで生活をしています。

有村さんと隣人夫婦はとても仲がよく、若いころにはお互いの子どもたちを含めて旅行に行くなど、家族ぐるみのつきあいをしていました。お互いに子どもが大きくなって家を出た後も仲よくしていましたが、ここにきて隣家の旦那《だんな》さんが認知症になってしまったらしく、問題のある行動をするようになってきたのです。

あるとき有村さんが、毎日自宅の配達箱に配達してもらっている牛乳を取りにいったところ、中身が空になっていることに気がつきました。不審《ふしん》に思い数日観察していると、なんと隣家の旦那さんが勝手に開けて飲んでしまっていたのです。

それ以外にも隣家の旦那さんのおかしな行動は続き、裸同然の格好で近所をうろついて有村さんの自宅を訪問してきたり、有村さんが飼っている犬を勝手に散歩に連れていこうとするなどしたのです。あるときには、勝手に有村さんの自宅に上がりこんでお茶を飲んでいることもありました。

有村さんは、さすがに迷惑を感じていましたが、長年つきあいのあった隣人になかなか強く注意することができませんでした。

しかし、あるとき隣家の旦那さんが、有村さんの車を石で傷つけているのを発見し、さすがに我慢できないと、隣家の奥さんに抗議をしました。

奥さんも夫の行動にかなりまいっているらしく、「わかっているんだけど、私のいうことを聞いてくれなくて……」などというばかりで、いっこうに対応策をとってくれそうもありません。

有村さんも、隣家の旦那さんを勝手に病院に連れていくこともできないし、かといって車を傷つけられたことについて泣き寝入りもしたくありません。いい対応策が見つからず、頭を悩ませるばかりです。

どうすればよかったか

有村さんの例のように、高齢にともなう認知症により近隣住民とのトラブルが発生する事態は、今後増えていくと思われます。

認知症の隣人の行為で損害を受けた場合には、認知症になった人を管理監督する立場にある人に対し、管理責任を問い、損害を賠償するよう請求できる場合があります。ただし隣人との間で裁判などをするのはむずかしいこともありますので、民事調停など紛争を大事にせずに解決する方法もあります。

また、認知症で介護が必要なのに充分な介護がおこなわれていない場合には、福祉事務所や民生委員などに連絡をして、必要な介護がされるような措置《そち》を依頼することも考えられます。

第7章

ネットのだまし犯罪

無料占いメール相談の罠

塩谷清子さん（65歳）は2人の子育てを終えて、現在は夫とふたりで暮らしています。経済的にはなんの問題もありませんが、数年前から、原因不明の体調不良に悩まされ、すっかり塞《ふさ》ぎこんだ毎日を過ごしていました。

そんなとき、もっていた携帯電話のメールに「無料占い相談受付中。金銭、体調、人間関係など、どんな悩みでも超一流占い師がすぐに解決いたします！」という占い相談を勧誘する広告メールが届きました。

塩谷さんは、機械の扱いはあまり得意ではなく携帯電話も電話機能とメール機能くらいしか使っていませんでしたが、自分の悩みを解決してくれるきっかけになればと思い、その広告メールのリンク先をクリックしてみました。「あまり効果がなくても無料なら1回見てもらってすぐにやめればいいか」とも思っていました。

サイトの指示どおり、生年月日や名前などを入力し登録をしました。すると占いサイトに切替わります。

サイトを見ると「占い師への占い依頼メールには200ポイントかかります」との記載《きさい》があり、1ポイントは10円で購入できると書いてありました。「なんだ無料じゃないのか」と思ってよく見ると、サイトへ登録すると自動的に200ポイントがプレゼントされる結果、最初の1回の占い依頼は無料でできるということがわかりました。

さっそく自身の体調不良や将来に希望が見いだせないことなどをメールに記載して送りました。すると、「○○寺総本山名誉住職伊集院紅鉄」なるいかにも権威がありそうな占い師からメールの返信がありました。内容は、「いただいたメールから巨大な負のオーラを感じた。このままではさらなる不運を招く恐れがある。あなたの過去生に大きな問題がある。すぐに詳しく鑑定をさせてもらいたい。そうしないと交通事故などの大きな事故を引き起こす」といったことが書いてあったのです。

このメールを見て塩谷さんが、大きな恐怖を感じます。「たいへんだ、すぐにでも過去生を見てもらわなければ」と焦《あせ》り、追加で依頼メールをするためにポイントを購入してしまいました。最初は、200ポイントずつ購入していましたが、有名占い師とのやりとりは一度のメールでは終わらず、そのたびに少しずつポイントを購入していったのです。

また、占いサイトに登録してから、まったく見知らぬ占いサイトから連絡があり、「あなたに特別巨悪な呪縛霊《じゅばくれい》が取りついていることがわかりました。呪縛霊を除霊《じょれい》しないとたいへんな病気になります。すぐに当サイト専属除霊師へ連絡をください」などと不安をあおるメールが来るようになり、塩谷さんは慌《あわ》ててこちらのサイトでもポイントを購入してしまいした。

あるとき塩谷さんは、ポイントで使ったお金が50万円にも及んでいることに気がつき、にもかかわらず悩みはまったく解決していないことに気がつきました……。

どうすればよかったか

占いは、ときに消費者の不安を大きく煽《あお》り、ひたすら消費者のお金を奪いとるという詐欺的商《さぎてき》法に利用されることがあります。巧《たく》みな言葉づかいや不安を煽る言葉にだまされないよう充分気をつけてください。

女性資産家から5000万円の遺産が転がりこんできた？

木村圭司さん（70歳）は離婚経験があり、現在はアパートにひとり暮らしです。中規模の会社を退職し、主な収入は年金です。

あるとき木村さんの携帯電話にメールが届きました。家族のいない木村さんには親しくメールのやりとりをするような友人はいなかったため、不審《ふしん》に思いながら確認しました。

その内容は「はじめまして。弁護士の○○と申します。このたびは、女性資産家大熊孝子様のご依頼で連絡しました。極秘《ごくひ》の話ですが、大熊様が貴方《あなた》にご自身の遺産5000万円を寄贈したいと考えております。大熊様は絶対霊感をおもちで、貴方のメールアドレスから貴方に特別な力を感じ連絡させていただきました。信じられないかもしれませんが、まずはご返信ください」というものでした。

木村さんは「そんなばかな話あるか！」と思いましたが、興味半分と、もしかしたら何か得するかもという欲から、メールに返信してみました。

するとすぐに連絡があり「返信ありがとうございます。返信いただいたことで貴方への５０００万円の贈与は確定しました。大熊様は超巨額資産をおもちであり、資産を狙《ねら》う輩《やから》が多いため、情報の流出を警戒しています。今後は、こちらのサイトを通じて送金手続きについてやりとりするようお願いします。なお、やりとりに多少の通信費がかかりますが、最終的に当方で費用を精算させていただきますのでご安心ください」というのです。

木村さんは、だんだんと「もしかしたら本当かもしれない」と感じるようになり、指定されたサイトのリンク先に行き、ポイントを購入してしまいました。そのサイトは出会い系サイトのようなもので、メールの送信と受信にそれぞれポイントが必要になり、1ポイントが20円で購入できるというものでした。

さっそくポイントを使ってメールを送信すると、「それではいまから受けとり情報の登録をしますので、氏名・住所・連絡先……を送信してください」と返信が来ます。木村さんはすぐに返信をしました。その後も、「信用チェックのために銀行口座を教えてください」「アンケートに回答してください」などと、やりとりのメールが何度も続きます。いつの間にか購入したポイントが10万円を超えました。

当初は「5000万円が手に入ればなんてことはない」と思っていましたが、遅々《ちち》として進まないメールのやりとりに木村さんは「やはりだまされているのでは」と感じ、一度返信するのをやめました。すると、しばらくして相手からメールがあり「至急ご連絡ください！　このままでは5000万円の受けとりができなくなります」とか、「取り急ぎ100万円を贈呈します」などのメールが届き、ついつい続けてしまいました。

結果としてポイント購入は30万円を超えましたが、いっこうに5000万円をもらえることはありません。次第に迷惑メールがたくさん木村さんの携帯に届くようにもなりました。気がつくと、万が一のための預金が大きく目減りしており、木村さんは青くなりました……。

どうすればよかったか

メールを使った詐欺の手口は、非常に考えられています。「ちょっとのぞいてやろう」という興味本位で対応すると、いつの間にか相手の術中に陥《おちい》ってしまいます。怪《あや》しいメールに対しては、徹底して無視することを決めておいてください。

なんと定価の30万円引き？　ネットオークション詐欺

長瀬武英さん（70歳）は大手企業の部長をしていましたが、無事に定年退職。退職後は現役時代からの趣味であった釣り三昧《ざんまい》の生活をしています。

長瀬さんは、パソコン関係の仕事についていたため、パソコンいじりもう一つの趣味でした。あるときネットサーフィンをしていると、とあるオークションサイトで趣味の釣りに使う釣りざおが出品されているのを見つけました。

少し前から欲しかった、B社という高級釣り道具専門メーカーの商品が定価約40万円のところ、なんと約10万円で出品されていたのです。

「信じられない」と思いながら商品説明や写真を何度も確かめましたが、たしかに長瀬さんが欲しかったB社の釣りざおであることに間違いありません。そこで、長瀬さんは入札してみることにしました。長瀬さんが利用していたオークションサイトは業界最大手で、信用できるだろうと思っていたことも入札した動機の一つでした。

入札をしましたが、やはり破格の値段であったことから他にも入札者がおり、あっという間に値段が上がっていきました。しかし、どうしてもその釣りざおを手に入れたかった長瀬さんは、粘り強く入札を重ねていき、とうとう20万円でその釣りざおを落札したのです。

10万円では買うことができなかったものの、定価40万円の釣りざおが20万円で買えるとなれば、長瀬さんはいうことがありません。さっそく入金をすませて商品が到着するのを待ちました。

数日後、商品が届きました。すぐに長瀬さんは段ボール箱を開封し、釣りざおを手に取りました。すると、なにか違和感を覚えます。もったときの重量がやけに軽いのです。さらにじっくり手に取って見てみると、デザインや塗装が欲しかった釣りざおと違うことがわかりました。また全体的につくりが粗《あら》く、部品と部品の間に隙間があったり、塗装がはげている部分などがあったのです。

まさか、偽物《にせもの》をつかまされたか？　と感じた長瀬さんは、なじみの釣り具店の店員に見てもらうことにしました。すると、B社の正規品とは別物の偽物で、見かけだけB社の製品そっくりにつくられたものだとわかりました。

「だまされた！」と思い、オークションサイトの売り手に連絡をとりましたが、「商品説明や掲載している写真との違いはない」といって返品に応じようとしません。また「本当にあのB社なのか？」と尋《たず》ねると、「B社という名前ではあるが、あのB社ではない。ロゴもよく見れば違うのでわかったはず」などというのです。たしかに写真や商品説明を見ると、微妙に釣り具専門店のB社とは違うロゴになっていました。

長瀬さんは商品説明にウソがない以上あきらめるしかないのか……と頭をかかえることになりました。

どうすればよかったか

実物を目で確認することができないネットオークションでは、商品の内容をめぐってトラブルとなることが多くあります。明らかに他社の製品に類似させてつくった商品を他社製品だと誤認させて契約したような場合には、詐欺による取り消しや、錯誤《さくご》によって契約を無効であると主張することができる場合があります。

5000円の商品券で50万円損をするネットバンキング詐欺

金屋裕之さん（60歳）は勤めていた会社を退職し、現在は嘱託《しょくたく》社員として会社に残り、若い社員に技術指導をする仕事をしています。

金屋さんがある休日、自宅でゆっくりしていたとき、自宅の固定電話に電話がありました。内容は次のようなものでした。

「はじめまして、全日本○○銀行ネットバンキング普及協会の山田と申します。当協会は全国の銀行が参加して創立した協会で、ネットバンキングの普及を目的としています。金屋様は現在ネットバンキングを利用しておられますでしょうか」

突然の電話に戸惑いましたが、山田なる人物は、「ネットバンキング普及のために金屋さんにもネットバンキングを開設してもらいたい。開設したうえで50万円以上の入金をしてもらえたら商品券5000円分をプレゼントする」というものでした。

金屋さんは、ネットバンキング普及協会が全国の銀行が参加した団体であり信用できること、以前から振り込み手数料が安いネットバンキングに興味があったこと、また口座をつくって余裕資金を入金するだけで５０００円の商品券がもらえるのはお得だと感じたことから、ネットバンキングを開設することにしました。

承諾すると、その協会からネットバンキング口座の開設マニュアルが送付されてきました。金屋さんはさっそくそのとおりネットバンキング口座を開設し、50万円を入金しました。

その後、山田なる人間に連絡をすると、「商品券５０００円プレゼントの申込書を送るので返送してください」といわれました。

しばらくすると、申込書が送られてきました。そこには、「ネットバンキング開設を確認するため、ネットバンキングの口座、ログインＩＤ、乱数表、パスワードを記載してください」と書いてあるのです。丁寧《ていねい》に個人情報を隠すための目隠しシールも同封されていました。

金屋さんは、ネットバンキング口座をはじめて利用することもあり、それがどれだけ重要な情報かわからず書かれているとおりにすべて記載し、返送してしまいました。パスワード欄には（※いただいた情報はネットバンキング開設についての確認にのみ利用します）との記載もあり、なおさら書いても大丈夫だろうと思ってしまったのです。

しかし、その後数ヵ月たっても商品券は送られてきません。また山田なる人物へ電話をかけても「現在番号が使われておりません」とつながりません。焦った金屋さんは、ネットバンキングにアクセスし、残高を確認しました。すると案の定、残金はゼロ円になっていたのです。取引の履歴を見ると、金屋さんが山田なる人物に対して申込書を郵送した数日後に50万円の預金が別の口座に振り替えられていたのでした。

どうすればよかったか

インターネットバンキングは非常に便利ですが、ログインIDやパスワードを他人に知られると簡単に預金を操作することができてしまいます。

パソコンやネット上のやりとりになれていない高齢者ほど、ログインIDやパスワードの重要性を理解していないため、簡単に外部に情報を漏《も》らしてしまう傾向にあります。暗証番号やパスワードは他人に絶対に教えないことを徹底しましょう。

90歳のおじいちゃんでも2時間で10万円稼げる副業？

石川康宏さん（60歳）は、あと5年でいまいる会社を定年退職することになります。石川さんは若いころからギャンブルが好きで、この年になるまでほとんど貯金をしていませんでした。老後の生活に備えて、年金以外の収入もつくらなければいけないと常日頃考えており、なにか副業はないかと探していました。

そんなとき、ふと覗《のぞ》いたインターネットサイトの広告をクリックしてしまいました。その広告は「90歳のおじいちゃんが2時間で10万円稼いだ究極の副業術とは？」というものです。

クリックした直後にサイトが出てきましたが、そのときは読まずにすぐ閉じてしまいました。ところが、その後同じパソコンでネットを見ていると、何度も何度もその副業サイトの広告が掲載されてくるのです。こんなに広告があるということは人気があるのかな？　と思い、あるとき石川さんはじっくりとそのサイトを見てみることにしました。

石川さんが広告をクリックすると、縦長でひたすら目立つ文字が書き連ねてあるサイトが出てきました。

「机に座って毎日30分作業をするだけで、誰でも月収10万円は確実」「経験不要、パソコンが苦《にが》手《て》な人でも簡単です」などなど、いかにも簡単に苦労せずにお金を稼ぐことができるように書いてあります。

さらには、情報購入者の声として、90歳になる高齢の男性が札束をもっている写真が掲載されており、「人差し指ひとつのパソコン操作で稼げました！」などと書いてあるのです。

その副業術の情報の価格は9万9８００円。石川さんはサイトを見ているうちに欲しくてたまらなくなりました。サイトの上部には、「あと数時間で価格が倍に値上がりします」と書いてあり、数字がカウントされていきます。また、「成果が出なければ返金します」という返金保証もついていました。

石川さんは、「何かがあったら返金してもらえばいい」と思い、カード決済でその情報を購入してしまいました。

すぐに送られてきたPDFファイルを開き、中身を確認しました。

どうやら、アフィリエイトというブログなどへ広告を貼って、見てくれた人の数に応じて報酬を受けとるという副業が紹介されているようでした。

ある程度パソコンの知識があった石川さんでも、内容を理解するのはたいへんで、90歳のおじいちゃんが2時間で10万円稼いだとは思えません。

これはだまされた！　と思い、返金の連絡をしましたが、「試してみた証拠を提示しなければ返金できません」といわれ、結局返金されませんでした。石川さんはどうしていいかわからず、返金をあきらめざるをえませんでした。

どうすればよかったか

情報商材の中には、楽にお金儲《かねもう》けができるような記載がありながら、まったく内容がそれと異なる場合があります。消費者契約法による取り消しや、特定商取引法違反がある場合には、それを指摘して返金要求をする方法があります。

購入個数1を100と打ちこんだら100個の代金を支払うのか

西脇武石さん（60歳）の趣味はパソコンいじりです。インターネットでショッピングをするのも好きで、最近は健康食品やサプリメントなどで効果がありそうなものをネットで探し、買うのが一つの楽しみでした。

あるとき、ネットでサプリメントを探していたところ、とてもよさそうなものが見つかり、さっそく注文してみました。しかし、老眼で手元が見えにくかった西脇さんは、試しに1個だけ注文してみるつもりで、100個注文していたことに気がつきました。

慌ててそのネットショップの電話番号を探し、注文を取り消したいと連絡しました。しかしネットショップの担当者は、「うちは注文メールを送信した段階で契約が成立すると規約に書いています。だからもう契約は成立済みで、キャンセルできません」というのです。

1個3000円のサプリメントだったので100個となると、30万円にもなってしまいます。そのため、西脇さんは弁護士の無料相談を利用してみました。

弁護士によると、「契約が成立していても、注文個数などで錯誤《さくご》があった場合には、重要な勘違いがあったといえ、契約の無効が主張できる」ということでした。とくに、「錯誤による無効は、普通は注文したほうに大きなミスがあった場合には適用されないが、ネットショッピングによる注文の場合には大きなミスがあっても錯誤による無効を主張することができる」ということも教えてくれました。

さっそくその知識を使って、再度ネットショップ側と交渉をしてみることにしました。弁護士の知恵も借りたのだから大丈夫と思っていましたが、相手も老舗《しにせ》のネットショップであり一筋縄《ひとすじなわ》ではいきません。

「たしかに、おっしゃるとおりですが、うちは注文申し込みの際に、きちんとその意思《いし》を再確認する『確認措置《そち》』をしています。この確認措置をしているにもかかわらず、買う人に大きなミスがあった場合には、契約を無効にすることはできないのです」というのです。

たしかに、西脇さんが注文のクリックをした際、「以下の内容で受注しますが、間違いありませんか」という画面が出てきて、商品名や個数等が記載されていました。西脇さんはいつも、「同じことを何度も確認させて面倒だなァ」と思い、ろくに見もしないでクリックをしていたのです。

ここまできたらあきらめるしかないか……西脇さんは肩を落としました。

どうすればよかったか

西脇さんの例のように、注文数を間違えたことは、錯誤による無効の対象となりますが、ネットショップ側が「確認措置」を講じていた場合は、重大な過失があったとして錯誤無効を主張できない場合があります。しかし、そんなときでもネットショップ側の確認措置が法律上の確認措置といえるかどうかを確認する必要があります。

たとえ注文後に確認画面に切り替わっていたとしても、訂正する機会が与えられていない場合などには、確認措置はなかったものと扱われる場合もあります。そのようなときには注文のキャンセルも可能となるのです。

「ノークレーム・ノーリターン」でも返品は可能か

宮沢和博さん（65歳）の趣味は一眼レフなどのカメラで、定年退職した今年から、趣味のカメラに存分に時間を使う気でした。

宮沢さんには、数年前からどうしても欲しいA社製のカメラがありました。中古でしか出まわっていないカメラだったのですが、中古ショップなどをくまなく探しても見つかりません。そんな折、カメラ仲間とそのカメラの話をしていると、「インターネットで探してみればいいのではないか」とのアドバイスを受けました。

さっそく宮沢さんは、ネットでカメラを探してみることにしました。宮沢さんはパソコンを使わない仕事についていたこともあり、パソコンについてはほとんど素人《しろうと》同然でした。そのため、仕事でパソコンに慣れている娘に教えてもらうことにしました。

娘に教えてもらったとおり探してみると、とある大手オークションサイトで、欲しかったカメラが出品されていることを発見しました。しかも、そのカメラの相場価格は20万円であるにもかかわらず、半額の10万円で出品されていたのです。

これは買うしかない、と思い入札をしました。その際商品説明のところに「ノークレーム・ノーリターンでお願いします」と書いてありましたが、意味がよくわからなかった宮沢さんは気にせず入札しました。

その後、他の人からの入札もあり、結果として落札価格は18万円になってしまいましたが、無事宮沢さんが購入することができました。18万円でも、相場よりは少し低い金額ですし、なによりも入手できたこと自体がうれしくてたまりませんでした。

毎日のように「いつ来るか」と胸をふくらませて待っていましたが、数日後ついにカメラが宮沢さんの自宅に届いたのです。

さっそく開封し、シャッターを押してみましたが、そこで驚くべきことがわかりました。なんとこのカメラのシャッターは壊れており、写真をとることができなかったのです。「これでは入手した意味がない！」と宮沢さんは怒り心頭になり、出品者にクレームを入れることにしました。

しかし、出品者はまったく宮沢さんのことを相手にしようとしません。電話口で「ノークレーム・ノーリターンと書いてありましたよね。これは、法律的には、商品に隠れた欠陥があったとしても、一切文句はいえないということなんですよ。あなたもそれを見て入札したんでしょう。返品は一切認めません」というのです。

宮沢さんは、「なれないネットでショッピングなどしなければよかった」と深く後悔することになりました。

どうすればよかったか

「ノークレーム・ノーリターン」という表記は、ネットオークション等でよく見られる表現です。

法律上は、瑕疵《かし》担保責任という売り主の責任をなくす効力があります。

しかし、判例などの考え方では、この記載があったからといって絶対に契約の取り消しなどが認められないわけではありません。欠陥の存在について売り主が認識していたかどうか、価格が同性能品と比べて高いか安いかなど、各種要素から契約の解除が認められる余地もあります。宮沢さんの例では同製品の相場に近い価格となっていますので、契約取り消しが認められる余地があります。

第8章

想定外の葬儀・お墓犯罪

嫁いだ娘はお墓を継げない？

小野田春子さん（60歳）は現在、夫と娘の3人で暮らしています。

小野田さんには96歳になる母親がいましたが、1ヵ月ほど前に亡くなってしまいました。死因は老衰《ろうすい》で大往生《だいおうじょう》だといえるでしょう。

さて、母の死亡からあわただしく葬儀や法事などを終え、遺骨を埋葬することになりました。

小野田さんの家には、先祖代々檀家《だんか》となっているお寺が近くにあり、そこに永代《えいたい》使用料を支払ってお墓を保有していました。すでに亡くなっている小野田さんの父親も、そこに入っています。

埋葬《まいそう》するにあたっては、お墓の承継者を決めなければいけません。承継者となった人は、お寺とのやりとりの窓口になったり、お寺に管理費を支払わなければいけません。

小野田さんには少し年の離れたお兄さんがいました。お墓の承継者は通常は、長男がなることが多いようでしたが、小野田さんのお兄さんは体が弱く、入退院をくり返しているような状態でした。

そのため、小野田さんはお兄さんとの話し合いの結果、お兄さんではなく小野田さんがお墓の承継者となることを決めたのです。

さっそくそのことをお寺に伝えて、埋葬の手続きを始めようとしました。

そうしたところ、お寺の住職から「小野田さんが承継者となるのは、お墓の使用規約に違反することになるので認められない。承継者を変更しないのであれば、永代使用権を取り消すのでお墓を返還してもらう」といわれたのです。

これまで永代使用料を支払ってなんの問題もなくお墓を使っていた小野田さんは、まさか埋葬を拒否されるとは思わず、驚いてしまいました。

実家にあったお墓の使用規約を引っぱりだして確認すると、たしかにお墓の承継者について「墓地承継者は三親等以内の親族で、かつ同じ姓を名乗る者に限る」と書いてあるのです。

小野田さんは嫁いで夫の姓に変更されていますから、この使用規約に違反することになります。

その後、兄が体調不良であることなどを説明して住職と話し合いをしましたが、「規則だから」の一点張りでまったく話を聞こうとしません。

仮に永代使用権を取り消されてしまえば、これまで支払ってきた使用料や管理費が無駄になってしまいます。また、新たにお墓を確保しようとすればかなりのお金がかかるでしょう。そのため、小野田さんはしぶしぶながら承継者を兄にせざるをえませんでした。

どうすればよかったか

小野田さんの例のように、墓地によってさまざまな使用規約が存在しています。そのため、お墓を購入したり、新たに埋葬をおこなう場合にはしっかりとチェックすることが必要です。

両親の生前にはなかなかいいだしにくいことではありますが、規約がどこに置いてあるかも聞いておくといいでしょう。

小野田さんのお寺のような規約は、現代社会においては古い考え方のようにも思えますが、一概に無効ということはできません。事前確認がいちばんの対応策といえます。

宗派を替えると永代使用権も失ってしまうのか

中田悦也さん（60歳）は独身で、数年前からひとり親である父親と実家で生活をしていました。父親はガンを患《わずら》っており、中田さんは仕事をしながら父親の闘病生活を支えていましたが、とうとう97歳で父親が亡くなってしまいました。

ひとりっ子であった中田さんは、ひとりで葬儀や法事などをすませました。ひとりであるため相続争いなども起こることはなく、あとは埋葬するだけというところまできました。

ここにきて中田さんが不安に感じていたのは、埋葬についてでした。じつは、中田さんの家は先祖代々近くのお寺の檀家になっており、そのお寺に永代使用料と管理費を支払ってお墓を利用させてもらっていたのです。

しかし、そこのお寺の住職さんはなにかと細かいことをいう人で、お墓の使い方がなっていないとか、もっと頻繁《ひんぱん》にお墓参りをしろ、などと檀家に指示をし、あまり檀家との仲がうまくいっていませんでした。中田さんの父親も、生前やはり住職と仲が悪く、あるとき住職が管理費を値上げするといってきたことに腹を立てて、宗派を替えてしまっていたのです。

中田さんの父親は、自分が死んだ後も「あそこの宗派で埋葬はしてほしくない」と中田さんにいい続けていました。さらに、きちんと遺言を残し、遺言の中でも「死亡後の葬儀については○○宗派でとりおこなうことを希望し、○○寺の宗派でとりおこなうことは希望しない」と書いてあったのです。

絶対にトラブルになると思いつつも、父親の希望があるので仕方なく中田さんは、住職に、別の宗派による埋葬をさせてほしい、と申し出をしました。

しかし、住職はもちろんそんなことは認めませんでした。それどころか、「生前に宗派を変更していたというのなら、それはもううちの檀家をやめたのと同じことだ！　お墓の永代使用権もなくなるから、いますぐ骨をもってお墓から出ていけ！」といいだしたのです。

中田さんは、住職のこのような反応を想定はしていたものの、まさかお墓自体使えなくなるとは思っていませんでした。

そこで慌《あわ》てて調べたところ、宗派を変更して檀家でなくなったとしても、それだけでお墓の永代使用権を失うわけではないことがわかりました。

しかし住職の態度からして、とうてい父親の希望どおりの埋葬を許してくれそうもありません。父の最期《さいご》の意思《いし》をかなえてあげたいという思いと、住職の強硬な態度の板挟《いたばさ》みにあい、中田さんはどうしていいかわからなくなってしまいました。

どうすればよかったか

中田さんの父親のように檀家が宗派を替えた場合、お墓の使用権を失うのでしょうか？　この点、判例が存在しており、宗派を替えることは檀家をやめる理由にはなるが、だからといってお墓の永代使用権を失うわけではないとされています。

ただし、お寺にも信教の自由があるため、宗派が異なる典礼による埋葬を認めさせることはできません。結果として中田さんは、父の宗派による埋葬はあきらめざるをえないのです。

お墓の引っ越し代金に500万円の請求！　離檀料は支払うべきか

大林芳雄さん（70歳）はもともとの実家は九州のとある田舎町でしたが、就職を機に東京に引っ越して、現在も都内に住んでいます。

大林さんの両親は数年前に他界していますが、お墓は九州の実家近くにあります。これまではお盆とお彼岸などに、家族旅行を兼ねてお墓参りをしていましたが、大林さんも高齢になり体力的にお墓に通うことはむずかしくなってきたため、お墓の引っ越し、すなわち改葬を進めることになりました。

まずは兄弟に相談をしましたが、兄弟も都内に居住しており、九州まで行ってお墓参りするのはたいへんだと思っていたため、あっさりと了解してくれました。

そこで大林さんは、都内のある場所に墓地を見つけ購入しておきました。

はじめての改葬ということで、大林さんはその手順を調べました。どうやら新しい墓地を確保することができたら、元の菩提寺《ぼだいじ》に改葬の許可を得て改葬許可申請書に署名捺印をしてもらう必要があるとのことでした。

さっそく大林さんは、九州まで出かけ、菩提寺の住職に相談をもちかけました。すんなり了解してもらえるだろうと思っていたところ、住職は不機嫌になり、次のようなことをいいだしたのです。

「うちは先祖代々お宅の家を見てきました。しかし、遺骨を外へもちだすということは、うちの檀家をやめるということですね。お宅はあまり墓参りに来ないから、私がお宅のお墓を毎日のように供養《くよう》してきたのです。それにもかかわらず離檀《りだん》するのであれば、離檀料として５００万円を支払ってください」

これには大林さんもびっくりしてしまいました。改葬にあたっては、元のお墓のお寺に閉眼供養《がいげんくよう》をしてもらう必要があり、その費用として数十万円程度のお布施《ふせ》をする必要があることは了解していましたが、まさか５００万円もかかるとは思ってもみなかったからです。

「たしかに、お墓参りにはあまり来られませんでしたが、遠方に住んでいたためですし、放っておいたわけではありません。そんな大金は用意できません、なんとかなりませんか」とお願いをしてみましたが、まったく聞く耳をもちません。

しまいには、「離檀料を支払ってくれないのであれば、改葬許可申請書に署名捺印はできません」といってきたのです。

大林さんは困ってしまい、兄弟たちと家族会議をすることになりました……。

どうすればよかったか

お寺とのつきあいが希薄になってきたためか、大林さんの例のようにお寺と改葬にあたって高額な離檀料を請求されるトラブルが起きているようです。

法律的な観点からすれば離檀料についての根拠は不明確であり、認められる可能性は低いように思われます。高額の離檀料が発生すると、相手の「信教の自由」が侵害される結果にもなるからです。とはいえ、お寺とのトラブルはできる限り避けたいもの。いちばんの予防策は、普段からお墓参りの際に顔を出しておくなど、日常的なつきあいを続けていくことなのかもしれません。

「〇〇家」と「〇〇家之墓」じゃ大違い、石屋のミスはどこまで問える？

津村和人さん（63歳）は、老齢の両親と津村さんの妻の4人暮らしをしていましたが、このたび父親が亡くなってしまいました。

葬儀やいろいろな手続きを終えて、いよいよ遺骨をお墓に納骨する段になりました。津村さんの父親は、三男であり両親からお墓を承継していませんでした。そのため、生前から「自分が死んだら立派な『津村家之墓』を建ててやる。おまえも入るんだぞ。そしてしっかり墓を守ってくれよ」といっていました。元気なうちから石屋と相談をして、自分の墓のデザインなどもしていたのです。

このことを知っていた津村さんは、さっそく父親が生前から相談していた石屋に連絡をとり、墓石をつくってもらうことにしました。デザインはすでに決まっており、「津村家之墓」と彫《ほ》られた墓石のイメージ図が契約書にも添付されていました。

父親の意思を尊重してやりたい、そんな気持ちから津村さんはデザインを修正することなく、石屋に墓石の作製を頼んだのです。

しばらくして、墓石が完成し、すでに設置しておいたとの連絡が石屋からありました。さっそく津村さんと津村さんの母親が墓石を見にいきました。

最初に気がついたのは、津村さんの母親でした。なんと、「津村家之墓」と彫りこまれるべき文字が、墓石には「津村家」と記載されていたのです。

「あれだけ父親がこだわっていたのに！」と憤《いきどお》りを感じた津村さんは、すぐに石屋に連絡を取りました。文字に間違いがあることを指摘すると、石屋はこういったのです。

「すみません。名入れ担当業者がミスしたみたいです。でも、『津村家』も『津村家之墓』も同じことだからいいでしょう？　ちょっとだけ値引きしますから勘弁《かんべん》してください」などと、軽い口調でいってくるのです。

津村さんはすかさず、父親がどのような思いでこの文字にしたのかを説明し、つくりなおしてもらうよう頼みました。

すると石屋は、「つくりなおしをしたら、うちは大赤字ですよ！　追加料金を支払ってくれるならいいですけどね。ただ、墓石だけつくりなおすと、土台の石と墓石の色が違っちゃいますよ。同じ色の石はないですけどね。それでもいいならやりますよ」と相変わらず、反省している様子がありません。津村さんは怒りのあまり、どうしていいかわからなくなってしまいました。

どうすればよかったか

津村さんの例では、デザインを指定して墓石の作製を注文した以上、そのデザインを満たす墓石を完成させていない限り、石屋は契約を守ったことにはなりません。

したがって、契約内容のとおりつくりなおすことを命じることができます。また、納期までに完成していないことになれば、契約を破ったことになり、契約自体を解除することができます。土台の石と墓石の石が同じ材質で作製することも契約の内容になっていれば、土台を含めてつくりなおすよう命じることができるでしょう。

ボッタクリ墓石業者の業者指定は断れない？

60代の岩槻智雄さんは、先日90歳の父親を亡くしました。葬儀などが一段落し、遺骨を墓地に埋葬することになりました。墓地については、幸い父親が生前購入して用意しており、あとは墓石を購入して納骨するだけ。

さっそく墓石購入を進めていたところ、墓石の値段の相場は、50万円程度から200万円程度で、墓石のデザインや墓地の面積などで実際の価格が決まることがわかりました。父親は生前から質実剛健《しつじつごうけん》な人で、墓石なども「最低限のものでいい」といっていたため、岩槻さんも人に見せても最低限恥《は》ずかしくないレベルのデザインやランクの墓石を用意することにしました。

インターネットで墓石業者を見つけ、見積もりを頼みしました。事前に調べていたとおり、デザイン料や石代などをすべて入れても約100万円になり、さっそく依頼して墓石づくりを始めました。そして、墓石が完成し、墓地に設置する日がやってきました。

念のためと思い、墓地の管理業者に設置日の予定の報告と挨拶を兼ねて連絡したところ、なんと管理業者は「うちの指定の墓石業者でなければ、墓石の設置はできません！」と工事を中止するように求めてきたのです。

すでに墓石も完成しているため、岩槻さんは、工事をさせてもらうよう管理業者に何度もお願いしましたが、業者は「指定業者以外はお断り」の一点張りです。業者がいうには、「墓地の購入契約書には、『墓石は管理業者の指定する業者から購入する』と書いてある」ということです。

慌てて岩槻さんが父親の遺品を引っくり返して契約書を確認すると、たしかにそのようなことが契約書の裏面に小さい文字で書いてあります。

「それならば仕方ない……」と考え、業者の指定墓石業者に再度、同じ内容で見積もりを依頼しました。そうしたところ、提示された金額はなんと約３００万円。岩槻さんがネットで見つけた業者の3倍ものボッタクリ価格です。岩槻さんは、値下げ交渉をしましたが、業者は「うちはうち、よそはよそですよ。この価格でできないならお断りです」と強気な態度でした。

頭にきた岩槻さんは、他に墓地を購入してそちらに墓を建てようとしましたが、墓地の購入費用などを含めると結局高くつくため、泣く泣くその業者に３００万円を支払い、やっとのことで埋葬することができました。

どうすればよかったか

本件のように墓石の購入業者をめぐって、墓地管理業者とトラブルになるのはよくあることです。このような墓石の製造設置業者が指定されているのは、なぜでしょうか?

実は墓地管理業者が墓地をつくるときに、その資金の一部を墓石の製造設置業者が負担していることがあるのです。その負担金の見返りとして、墓地管理業者は墓地の購入者との間で墓石の製造設置業者をその負担を受けた業者に指定しているのです。

そのような業者を指定する契約は有効なのでしょうか？　この点ですが、原則として、契約書にそのことがしっかりと記載《きさい》されている限り、業者を指定することも有効です。

ただし例外的に、指定業者の墓石の値段が、相場を大きく超えるような法外な値段であった場合、消費者契約法という法律で指定が無効とされる場合があります。

なんのサービスも受けてないのに手数料？　互助会解約には注意が必要

丸田国男さん（60歳）は、妻とふたりでささやかな生活をしていました。あるとき、自分と同じ年齢の大物芸能人が死亡したというニュースをテレビで見て、自分たちも死んだあとのことを考えておかなければ、と思うようになりました。とくに丸田さんの妻は長い間専業主婦で、自分で物事を決めることができず、丸田さんに頼りきりだったからです。

そんなことを思いながら、ふと新聞を見ると、とある冠婚葬祭互助会《ごじょかい》のチラシが入っているのに気がつきました。その互助会のチラシを見ると、互助会の会員になれば、毎月わずかな積み立てをしておけば、いざというときに優先的にその互助会が保有する葬儀場を格安で利用することができるというのです。

しかも、チラシを見る限り、いますぐに入会すれば、入会金も免除になるそうです。さっそく丸田さんは入会を考え、チラシに書いてある連絡先に連絡をしました。

するとすぐに担当者という女性が丸田さんの自宅を訪れてきました。丸田さんは、自分が死んだときにスムーズに連絡ができるようにと妻を同席させて説明を聞きました。

担当者の話によると、「互助会の入会金は無料であるが、月々の掛け金が4000円かかること。支払い回数は80回であること。会員であれば、葬儀に必要なサービスがまるごと特別価格で受けられる」ということでした。

丸田さんはとくに不明な点はなかったため、互助会に加入することにしました。

その後丸田さんは、当初の契約どおり毎月の掛け金を支払っていました。ところが支払い完了まであと1ヵ月というころ、親しくしている友人から葬儀費用について話を聞くことがありました。それによると最近の葬儀料はとても値段が下がっており、互助会などに加入しているとかえって葬儀代が高くなる、ということだったのです。

そこで改めて調べてみたところ、たしかに互助会の葬儀を利用しているほうが値段が高くなっているのでした。

丸田さんはすぐに、加入している互助会に、解約することを申し入れました。

担当者は、「ただいま解約すると、たいへん損になりますよ」「解約理由をご説明ください」などといい、なかなか解約させてくれません。それでも解約するよう伝えると、「では解約手数料として、支払い済み掛け金総額の20％をいただきます。丸田様の場合、6万3200円になります」というのです。

なんのサービスも受けていないのに、６万円以上もの手数料がかかるのは納得いきません。丸田さんは抗議しましたが、担当者は「規約にあります」の一点張り。丸田さんは契約時に説明を受けていなかったため、最後まで納得できませんでした……。

どうすればよかったか

近年、丸田さんの例のような冠婚葬祭互助会が流行しているようですが、少なからずトラブルが起きているようです。解約料もその一つです。

解約料については、裁判例などによると、解約料と認められるのは、業者側の平均的な損害額に限られます。よって、規約の存在にかかわらず、より低額な解約料しか認められないことがあるのです。互助会の説明を鵜呑《うの》みにせず交渉してみましょう。

第９章

保険を使った だまし犯罪

正直者がバカをみる？　告知義務と生命保険

村田和人さん（50歳）は大手企業の管理職として働いています。村田さんには、妻と大学生の娘2人がいましたが、昔から体力には自信があったため、生命保険などには入っていませんでした。しかし、50歳になるにあたり、体力が目に見えて落ちてきており、「おれに万が一のことがあったら……」と考えるようになり、生命保険に加入することにしました。

村田さんは会社の同僚に相談し、保険営業マンを紹介してもらうことにしました。営業マンはすぐに来てくれ、いろいろな説明をしてくれました。生命保険についてほとんど知識のなかった村田さんはよくわかりませんでしたが、営業マンがすすめる保険に加入することにしました。

「村田さんが、この保険に加入する際には、医師の診査が必要です。診査をしなければ加入できませんので明日にでも行ってください」営業マンはそういって村田さんに診査を受けるようにすすめました。

村田さんはそのとき風邪を引いており、あまり体調がよくありませんでした。そのことを営業マンにいいましたが、営業マンは「そんなことをいって、保険に入るのが遅れて村田さんに万が一のことがあったらどうするんですか？　1日保険に加入するのが遅れただけで、死亡保険金3000万円が受け取れなかったということもあるんですよ。風邪くらいたいしたことありません。

すぐに行きましょう」といって、しきりに診査を受けさせようとします。

村田さんは「そんなことといって、気が変わらないうちに契約させて自分の成績を上げたいだけなんじゃないか？」とも思いましたが結局、行くことにしました。

医師の診査では、医師から「最近5年以内に7日以上入院したことはないか」「最近5年以内にこの一覧表に書いてある病気になったことはないか」などの質問を受けました。それらに対しては、すべて「ありません」と答えていました。

ひととおり診査が終わったあと、医師から「ところで、さっきから咳《せき》と鼻水が出ているようだけど風邪を引いていませんか」と聞かれます。村田さんは正直に、「はい、引いてます。けれど市販の薬を飲んでいるので大丈夫です」と答えました。すると医師は、なにやら診査報告書に記載をしていました。

診査が終わり、後日結果が来ました。それを見ると、当初希望した保険内容では契約ができず、保険制限といって数年間は少ない金額の生命保険しか受け取れない結果になっていたのです。

営業マンに「話が違う」と相談しましたが、「風邪だったからしょうがない」というばかりで話になりません。村田さんは、「風邪が治《なお》ってから診査を受ければよかった」と思いましたが、後のまつり、いまさら契約を断ることはできず、不本意な内容の契約をせざるをえませんでした。

どうすればよかったか

保険加入の際の診査では、現状の健康状態が問題とされます。風邪の症状は、他の疾病《しっぺい》の症状と似ていることもあり、診査時に風邪を引いていると思わぬ不利益を受けることがあります。風邪を治してから診査を受けるのも一つの方法です。

「誰でも入れる保険」は「誰にでも支払われる保険」ではなかった！

松本聖子さんは現在50歳の独身女性。仕事をもって働いていますがあまり貯蓄はなく、病気にでもなってお金が必要になったらどうしよう、と漠然と思っていました。

松本さんは、昔からあまり体が丈夫なほうではありませんでした。とくに十数年前から高血圧症になってしまい、日常的に薬を飲んでいる状況でした。そのため、以前医療保険に入ろうとしたところ、断られてしまった経験があります。

あるとき、テレビで「高齢のあなたでも大丈夫」「健康状態の告知は不要です」「誰でも入れる保険です」というコマーシャルを見ました。松本さんは「これだッ」と思い、さっそくパンフレットを取り寄せて加入することにしたのです。

この保険は、無選択型保険と呼ばれる保険で、通常の保険のように事前に健康状態に関する告知や医師による診査を必要とせずに加入できる保険でした。説明にあったとおり、松本さんは高血圧症があることを伝えずにこの保険に加入することができました。「これで老後の医療費問題が解決した」と喜びました。

それから数年後、松本さんは高血圧が原因で、心臓病になってしまいました。比較的成功率の高い手術をすれば助かるということでしたが、医療保険がきかない自由診療になる手術で、１０００万円近い手術費用がかかることがわかりました。

松本さんには、それだけの貯蓄がありませんでした。しかし、松本さんは入っていた医療保険があるから大丈夫と楽観的に考えていました。

手術の予定日が近づき、念のため確認しようと保険会社に問い合わせをしました。そうしたところ、なんと松本さんの手術については、保険が適用できないといわれてしまったのです。

保険会社の言い分は次のようなものでした。「この保険は加入の際に持病などがあっても問題はないが、持病そのものを原因とする手術や、持病と医学上重要な関係のある病気により入院・手術した場合には支払いの対象にならない」ということです。

これを知った松本さんは、落胆してしまいました。加入時に、持病そのものが再発しても支払い対象にはならない、ということは知っていましたが、持病そのものではなくても持病と関係のある他の病気も支払いの対象にならない、とは思ってもみなかったからです。松本さんは手術を前にして、体のことだけでなく、お金の心配もしなければいけなくなりました。

どうすればよかったか

体調に問題をかかえがちな高齢者にとっては、告知義務などがない「誰でも入れる保険」は魅力的に感じられます。しかし、世の中においしい話はそうそうありません。誰でも入れる保険には、それ相応のデメリットがあるのです。

松本さんの例以外にも、誰でも入れる保険には「保険料が割高になりがちである」「保険金や給付金の上限が低額になりがち」というデメリットがあります。

「誰でも入れる保険」に入る際には、こういったデメリットをしっかり理解し、それでもメリットがある場合に加入するようにしましょう。

終身保険だから死ぬまで安心は大間違い！　定期保険特約付き終身保険

杉野成行さんは現在59歳、あと数ヵ月で定年を迎えます。杉野さんは、市役所勤務をしており、妻とは職場内結婚です。子どもができなかったため、妻とふたりで定年後の生活をすることになります。

杉野さん夫婦はとても仲がよく、いまでも年に数回は一緒に旅行に行っています。現在は、定年後にどこに旅行に行くか、毎日楽しく話をしています。それと同時に、老後の生活費のやりくりについても話し合いをしています。

杉野さんは20代前半に結婚し、結婚直後に生命保険に加入していました。当時あまり保険について知識はありませんでしたが、「結婚したら生命保険に入らなければいけない」という周囲の雰囲気に負けて保険に加入したのです。

職場の同僚からすすめられるままに保険の外交担当女性と面談し、内容はよくわからないものの、「同僚の○○さんも、加入しているんですよ」というその女性の言葉に後押しされ加入しました。

内容は、４０００万円の終身生命保険で、詳しくはわかりませんでしたが、「終身だから死ぬまで保証が続きますよ！」といわれたことだけは覚えていました。

老後の生活費の計画を立てるにあたって、この４０００万円の終身保険があることを当然の前提として考えていました。どちらかが死亡してもこのお金があれば、老後の生活費を切り詰めないでもすみそうであり、趣味の旅行にたくさん行くこともできそうでした。

そんなとき、保険会社から1通のハガキが来ました。

そのハガキには、「生命保険の払込期限が定年で終了するために以後の支払いが不要になること。定年後の生命保険金額については２００万円になること」が書いてありました。

杉野さん夫婦は、後者の「生命保険金額が２００万円になる」という通知を見て、愕然《がくぜん》としました。なぜ４０００万円の保険に入っていたのに、それが２００万円になるのかまったく理解できませんでした。

すぐに担当者を呼んで話を聞くと、じつは杉野さんが加入していた生命保険は「定期保険特約付き終身保険」であり、4000万円のうち3800万円は掛け捨ての定期保険であり、終身保険部分は200万円だけだったのです。

杉野さんが計算してみると、これまで支払ってきた保険料は総額でなんと3000万円にもなっていました。それがいつの間にか200万円になっていたことに気がつき、杉野さんは頭が真っ白になってしまいました。

どうすればよかったか

終身保険という名前がついていても、終身になる保険は保険金額の一部にすぎないという保険に加入している人は多くいます。きちんと理解して加入していれば問題はありませんが、杉野さんの例のように勘違《かんちが》いしたまま、老後生活の資金計画を立ててしまうと、たいへんなことになります。

自分が契約している保険内容がどのようなものかわかっていない人は、いますぐに確認してみてください。

餅による死亡事故なのに傷害保険がおりない？

森脇潤さん（60歳）は、98歳になる父親と同居していました。父親は、数年前に脳梗塞《のうこうそく》を患《わずら》ったものの、すっかり回復しており高齢にもかかわらず元気いっぱいでした。父親は野菜づくりが趣味で、毎日のように畑仕事をしていました。

とある冬の日に、食卓にお餅《もち》が出てきました。森脇さんは、高齢の父親には食べさせたくないと思っていましたが、父親は昔からお餅が大好きで、冬は毎日のようにお餅を食べていました。父親がどうしてもお餅を食べたいというので、森脇さんはお餅を小さく切って慎重に食べるようにいいながら、父親にお餅を渡しました。

それにもかかわらず、森脇さんの父親はお餅を喉《のど》につまらせ、倒れてしまいました。森脇さんはすぐに救急車を呼んで対処しましたが、残念ながら父親は亡くなってしまいました。お餅が気道を塞《ふさ》いだことによる窒息死《ちっそくし》でした。

父親の葬儀や法要が一段落したあと、森脇さんは父親に傷害保険を掛けていたことを思い出しました。畑仕事などで毎日動いている父親が事故にあって怪我をしたらたいへんだと思い加入していたものです。

お餅による死亡については、警察でも「事故である」と判断されていたので、傷害保険もおりるであろうと考えていました。

ところが、いざ保険金の請求をおこなってみると、保険会社から「今回は保険が適用されず保険金のお支払いはできません」といわれてしまったのです。

「事故なのになんで」と思い説明を求めたところ、保険会社からは「事故であっても、保険契約上、その事故の原因が被保険者の疾病によるものである場合、保険金は支払われません。森脇様のお父様は数年前脳梗塞になっており、この疾病が原因でお餅を喉につまらせた可能性が否定できません。ですから、支払いができないのです」と説明してきました。

森脇さんはこの説明には、とうてい納得することができません。というのも、父親が脳梗塞になったことがあるのはたしかにそのとおりなのですが、亡くなった当時はすでに回復していたからです。

腕の一部にしびれを感じる程度の後遺症はありましたが、父親はなんでもよく食べており、食べ物を喉につまらせるようなことは一度もなかったのです。

森脇さんはそのことを指摘して保険金を支払うように求めましたが、保険会社は「それでも脳梗塞が原因である可能性は否定できない」といって応じようとせず、森脇さんは困ってしまいました。

どうすればよかったか

傷害保険は一般的に「被保険者が急激かつ偶然な外来の事故によって身体に傷を被《こうむ》ったときに保険会社が保険金を支払う」とされています。身体外にあったお餅をつまらせるという出来事が、「外来の事故」であることは問題になりません。問題は餅をつまらせた原因が病気かどうかということです。この点判例では、外部からの事故であることと傷害が発生したことに因果関係があればよく、その傷害が病気によるものでないことを証明する必要はないとしています。

保険会社担当者のすすめるままに保険を「転換」していませんか？

浜光男さん（59歳）は大手企業の管理職として働いています。子どもたちは独立し、現在は妻とふたりで暮らしています。

浜さんは、死亡時に4000万円支払われる生命保険に入っていました。いまの会社に入社した直後に、職場に来ていた保険の外交員にいわれるまま加入し、漫然と保険料だけを支払い続け、保険内容は保険会社担当者にまかせきりで、生命保険についてあまり考えたことはありませんでした。

あるとき、保険会社担当者の女性が職場に連絡をしてきました。これまで担当者は何度か替わっていましたが、今度の女性は30歳前後の若い女性で、ひそかに浜さんは好意をもっていました。

「浜様、今回とてもよい保険の新製品が発売されました。いままでより保険料は少し上がりますが、保険金額は4000万円から6000万円に大幅に変更となります。保険の乗り換え、すなわち『転換』をされてはいかがでしょうか？」保険会社からこのようにいわれ、浜さんはついつい「いいですね」といってしまいました。

するとと担当者の女性は翌日すぐに、きれいなパンフレットと保険の設計書をもって現れました。

「毎月の保険料は、いままでより4000円上がりますが、保障が6000万円まで増えるんですよ！　４０００円なんて飲み会に月１回行くのを控えるだけで浮くお金です。ぜひ保険の乗り換えをしてください」

こういわれた浜さんでしたが、パンフレットなどの資料を見てもさっぱり内容がわかりません。しかし「月に４０００円ならとくに負担にならないからいいか」と思うようになり、またお気に入りの担当者にいいところを見せたい、という思いもあり、契約書にサインをしてしまいました。

妻は保険についてはすべて、夫である浜さんにまかせており、相談しても「まかせるわ」といわれることがわかりきっていたので、相談しませんでした。

しばらくして浜さんは、昔の友人とたまたま飲みにいくことがありました。その友人は保険会社に勤めていたため、浜さんは「保険に入り直した」ことを話題にしました。すると友人は「新しい保険の予定利率はどうなっている？　いまの保険は予定利率が低く、保険の入り直しをすると高かった予定利率が低くなって不利だぞ」といったのです。

「まさか」と思い、浜さんが翌日保険内容を調べてみると、友人のいうとおり保険の入り直しにより、予定利率は低くなっていたのです。浜さんは過去にも２回保険の転換をしており、転換のたびに予定利率が６％から３％、そして１％と悪くなっていたのです。

長年保険料を支払っている自分に対し、担当者がまさか不利な話をもってくることはないだろうと信じていた浜さんは、たいへんなショックを受けてしまいました。

どうすればよかったか

金融商品について「いい商品ができました」というのは、多くの場合、顧客である消費者にとっていい商品ではなく、それを売って手数料を得る業者側にとって「いい商品」であることがほとんどです。

生命保険も同様に、自分の頭で考えず担当者まかせにしておくと、思いがけず不利な商品を購入させられることがありますので注意しましょう。

第 10 章

高齢者 だまし犯罪

1ヵ月生活しただけで500万円も取られる有料老人ホーム

砂川夕子さん（75歳）は長年連れ添った夫に3年前に先立たれ、それ以降ひとりで暮らしていましたが、日々体力の衰《おとろ》えを感じるようになり、有料老人ホームに入居することにしました。

知り合いの紹介で、A老人ホームに入居することになりました。入居する際の説明で、費用については毎月の利用料金に加えて、施設協力費として入居時に1000万円が必要ということでした。

「他の施設でも同じように入居時に一時金がかかりますよ」という説明があり、「そんなものか」と思い、支払って入居することにしました。

1ヵ月ほど生活をしてみましたが、砂川さんはA老人ホームでの生活に耐えることができなくなってきました。まず、毎日の食事が口にあいません。極端に塩味が薄く、また大量につくりおきをしているためか、冷めてしまって全然おいしくないのです。また、ホームの職員の雰囲気が悪く、投げやりな態度でサービスをする姿勢が目につきました。

そこで、砂川さんは老人ホーム担当者に話をして、ここを退去することにしました。

退去にあたり、信じられないことをいわれました。なんと「1000万円支払った施設協力費のうち500万円しか返金はできない」というのです。

1ヵ月生活しただけで500万円も取られるなんて納得できない、と抗議をしました。すると施設側は「施設協力費は、入居償却分《しょうきゃくぶん》が50％として設定されています。入居した時点で1000万円の50％である500万円はすでに償却されているので返金できないのです。これは入居時に説明しているはずですし、入居契約書にも記載《きさい》があります」というのです。

しかし、砂川さんは何度思い出してみても、入居時に説明を受けた記憶がありません。どうしても納得がいかず、なんとか返金させる手段がないか調べてみました。

すると厚生労働省が、90日以内に契約を解除した場合には一時金の全額を返金すべきという指導指針を出していることがわかりました。砂川さんは、この指導指針をもとに再度交渉をしましたが、A老人ホームは、「指導指針はあくまで指針であり、法律で決められているわけではないから払えない」と支払いを拒否しました。砂川さんは、あきらめるしかないのか、と肩を落としました。

どうすればよかったか

有料老人ホームの入居一時金については、砂川さんの例のようにトラブルが多く発生しています。そのため、2011年に老人福祉法が改正され一定の返還ルールが定められています。したがって、砂川さんの例は同改正法の適用がない場合と考えてください。

入居一時金は、実質的にそのお金がどのような性質のお金であるかにより返金ができるかどうかが変わってきます。家賃の前払い金であったり、敷金として支払われたものであれば、すぐに退去したのに全額返金を拒《こば》むことは消費者契約法10条に反し、無効となる可能性があります。

パンフレットには要注意！　タンスの仕切りでも「半個室」

成田忠吉さん（75歳）はこれまで独身で過ごしてきましたが、加齢による体力の衰えを感じ、気力があるうちに終《つい》の棲家《すみか》を決めようと考え、有料老人ホームを探していました。いろいろと資料を取り寄せたところ、とある有料老人ホームが気に入りました。パンフレットにはきれいな施設の外観写真がのっており、表紙には「近年開設のフレッシュな施設です」というコピーがのっています。

成田さんは、糖尿病《とうにょうびょう》を患《わずら》っており、なにかのときにすぐに医者に行ける環境を求めていました。パンフレットに「施設には24時間職員が待機しており、緊急時に対応できます」との記載があります。また「施設内にクリニックがあり、24時間対応可」とも記載がありました。成田さんは、いつでも医師にアクセスできる環境があることに感激しました。

また、「半個室で個人のプライベート空間が守られます」との記載もあります。ひとりで静かに本を読むことが趣味だった成田さんにとっては、この点も魅力に感じられました。

成田さんはパンフレットを見て、いたくこの有料老人ホームが気に入り、契約をして入居することを決めました。現地を見なくても大丈夫かな、と一瞬頭によぎるものがありましたが、「これだけきれいなパンフレットがある施設なら大丈夫だろう」と思って下見をしませんでした。

しばらくして、実際に施設に入居する日がやってきました。

そこで、成田さんは、すぐに「下見をせずにパンフレットだけで購入したのは失敗だった……」と深く後悔することになります。

まず、成田さんが気に入っていた「施設に24時間職員が待機している」ということですが、待機しているのはただの事務職員であり、看護師ではありませんでした。糖尿病に対するインシュリン注射などは看護師でなければできません。これではなにかあったときの備えとしては心細すぎます。

また「施設内にクリニックがある」という点も、単に施設と同じビルの一角にクリニックがあるだけで、老人ホームがクリニックを運営しているわけではありませんでした。

さらに、「半個室」といいながら、実際には大部屋をタンスで間仕切りしてベッドを置いてあるだけであり、とてもプライベートが守られているとはいえません。そして、そもそもこの施設は「近年開設」されたのは間違いないのですが、建物自体は30年前に建てられたもので、かなり老朽化《ろうきゅうか》しており、お世辞《せじ》にもきれいとはいえません。

成田さんはパンフレットを握りながら「こんなはずじゃなかった……」と強く後悔しました。

どうすればよかったか

有料老人ホームのパンフレットには、見た人に魅力を感じてもらうため、曖昧《あいまい》な表現や誤解を生む表現を使うことが多くあります。成田さんの例のようにならないためには、手間がかかっても下見をすることが不可欠です。

また、ホームページの有無《うむ》や、ホームページに住所や連絡先、代表者の氏名といった基本的事項の記載があるかどうか、問い合わせに対して丁寧《ていねい》な対応があるかどうか等も判断の基準になります。

軽度の認知症でも施設を追いだされる?

河野順さん（55歳）は持ち家の一軒家に、妻と実父の3人で生活をしていました。

父親は、現在80歳。これまで河野さんと奥さんがその生活の面倒をみてきましたが、実父が高齢でだんだんと身のまわりのことができなくなっていき、また河野さん自身加齢により疲れやすくなり、父親を自宅で世話することに限界を感じはじめていました。

そこで河野さんは妻と相談し、父親に有料老人ホームに入居してもらい、そちらで面倒をみてもらうことにしました。

さっそく施設を探し、無事にみてもらえることになりました。

そのような状態で数年間はなにごともなく時が経ちました。ところが、あるときホームから連絡がありました。なんでも、河野さんの父親が認知症になってしまったというのです。

さっそく河野さんは、老人ホームへ父親の様子を見にいきました。

父親はたしかに軽い認知症になっているようでした。物覚えが極端に悪くなっており、毎日飲まなければいけない薬も忘れてしまって飲むことができない状態です。

また、同じことをくり返し話すといった症状もあるようでした。しかし、意思疎通《いしそつう》を図ることは充分に可能であり、ホームで生活することに問題はないようでした。

しかし、施設担当者は、河野さんに対して、「認知症になってしまった方は、当施設でみることができません。2週間以内に退去していただくようお願いします」といってきたのです。

これには河野さんも動揺せざるをえませんでした。老人ホームを探して入居した以上、軽度の認知症でも当然、入居し続けることができると思っていたからです。

河野さんは、「外部の介護サービスなども利用するつもりなのでなんとか入居を続けさせてほしい」とお願いをしましたが、施設側は聞く耳をもちません。

しまいには「こちらの入居申込書に記載があります」といって、申込書のコピーをもちだしたのです。申込書を確認すると、たしかに認知症が発症した場合には、退去する旨《むね》が記載されています。

河野さんは、たいへんだった老人ホーム探しのことを思い出し、また同じように探さなければいけないのか……と思うと、うんざりした気持ちになりました。

どうすればよかったか

河野さんのケースのように、入居後に認知症を発症した場合に、退去しなければならないと定める老人ホームも一部あるようです。

法律的には、高齢者の居住の安定確保に関する法律により、サービスつき高齢者向け住宅事業をおこなう者の登録基準として、「入居者の心身の状況が変化したことを理由として、入居者の同意を得ずに居住部分の変更や契約解除を行わないこと」という規定があり、認知症を理由として契約を解除することはできないこととなっています。

いずれにせよ、入居の際には解約条件として認知症を発症することなどが盛りこまれていないかどうかを確認すべきでしょう。

老人ホームがまさかの破産？　入居者の運命は？

田川豊さん（80歳）は、5年前に妻に先立たれてからは一軒家の自宅でひとりで住んでいました。しかし、ひとり暮らしの寂しさに耐えられなくなった田川さんは、自宅を売り払って現金をつくり、近くにあった有料老人ホームに入居することにしました。

まだまだ体力に自信のあった田川さん。同じ年くらいの老人たちに囲まれ、毎日楽しく生活することができ、「ホームに入ってよかった」と心から喜んでいました。

そんな何不自由のないホーム生活をしていたところ、突如ホーム側から「重要なお知らせ」があるといわれ、説明会がおこなわれました。

なんとホームを運営していた事業者が破産するというのです。ホームの入居者や、その家族は混乱に陥《おちい》りました。みんな高額な入居費をすでに負担しており、その返金があるのかどうか、このままホームを使うことができるのかどうか等、今後の生活やお金のことで不安を感じていたのです。

ホーム側の説明では、今後の見通しはたっておらず、少なくとも2週間はこのまま運営を続けることができるということでした。

その後、不安な生活が続きましたが、2週間後に再度説明会がありました。業者によると、施設を継続して運営する新事業者が現れ、今後はその事業者が主体となって、いままでどおりの契約をすることになった、というのです。

しかし、問題はその際の条件についてです。なんと新事業者との新たな入居契約を結ぶに際しては、新たに入居一時金を支払わなければならないというのです。しかも、すでに支払っている一時金は、破綻《はたん》した事業者がすでに運営資金として使っており、返済されないであろうことがわかりました。

また、月額の使用料もいままでの使用料から3万円ほど値上がりすることになったのです。これには利用者の不満が爆発しました。田川さんも、入居一時金としてすでに600万円支払っていたのです。この入居費用を取り戻すことができなければ、新たに支払う入居費用が足りません。

一緒に入居している人の話によると、施設は数年前から経営が赤字の状態で、多額の借金がある状態だったということでした。

何不自由なくホーム生活を堪能《たんのう》していた田川さんは、一気に不安な老後生活を強《し》いられることになってしまいました。

どうすればよかったか

近年では、有料老人ホーム等の介護関連事業への他業種事業者の参入が増え、競争が激化している傾向にあります。そのため、老人ホーム等を運営する事業者の経営破綻は増加しています。

事業者が破綻すると、事業を引き継ぐ新事業者がいる場合、新事業者との新たな契約をすることになります。その際、新たに入居一時金を負担するなどの可能性があります。法的にこれらの負担を求めることは規制されていませんが、適切な内容であるかをしっかりとチェックすることが重要です。なお、老人ホームの経営状態については、経営の変更がおこなわれていないかどうか、従業員の離職が増えていないかどうか、サービス内容の改悪がおこなわれていないかどうか等でチェックすることが可能です。

高齢者でも融資確実「年金担保貸付」とは？

井手虎雄さん（66歳）は妻とふたりでつましく年金生活をしています。井手さんは、いまは足を洗っているものの、現役時代はギャンブルにはまって、この年になっても貯蓄はまったくありませんでした。毎月もらえる年金だけが貴重な収入源だったのです。

あるとき、井手さんの妻にガンが見つかりました。幸い発見が早かったため、手術をすれば治《ち》癒《ゆ》する見込みが高い病状でした。しかし、問題はその費用でした。その手術には保険を適用することができず、約80万円もの手術代金が必要になりました。

井手さんは困って、銀行のみならず消費者金融にまで出向き、なんとか借り入れができないか努力をしてみました。

しかし、どこの金融機関も井手さんが年金生活であることを理由に融資《ゆうし》を断りました。

そんなとき、ふと自宅のポストに入っているチラシが目に止まりました。そこには「高齢者の方でも確実に融資可能」との文字があります。井手さんは、不審《ふしん》に思いましたが背に腹はかえられず、連絡をしてみました。

するとその貸金業者から、とある雑居ビルに来るようにいわれました。また同時に、年金の振り込み口座の通帳と印鑑をもってくるようにもいわれたのです。

指定されたビルは、繁華街の裏手にある怪《あや》しげなビルでした。恐る恐る井手さんが足を踏み入れると、これまたいかにもいかがわしい強面《こわもて》の男性が出てきます。

「高齢者でも融資は受けられるのでしょうか？」井手さんが聞くと、男性は「大丈夫ですよ。ただし、毎月の年金を担保にするので、通帳と印鑑を預からせてもらいます」と丁寧ながらドスのきいた声で答えます。

この貸金業者は、毎月の支払いが確実な年金の振り込み口座を預かり、それを引き出して毎月の返済にあてる方法でお金を貸すということでした。返済してもあまったお金については、事務所に来れば手渡しで渡してくれる、というのです。

井手さんは、通帳を預けてもいいものかたいへん不安になりましたが、妻の手術費用のことを思い出し、やむなく業者のいうとおりにしてお金を借りることにしました。

その後、無事、妻の手術をすることができました。しかし、通帳は業者に預けたままの状況です。

井手さんは、何回目かに事務所にお金を取りにいった際、通帳の返還を求めましたが、「まだ全額返済していない」といって返してもらえませんでした。井手さんは業者がとても恐ろしく、どうしていいかわかりません。

どうすればよかったか

法律では、年金を担保にとってのお金の貸付行為は禁止されています。例外的に認められる場合も皆無《かいむ》ではありませんが、井手さんのケースは法律違反であることが明らかです。

貸し付けを受けてしまった場合には、一刻も早く通帳などを取り戻すことが必要です。業者が応じようとしないときには、年金の振り込み口座を変更したり、解約する方法もあります。

しかし、このような年金担保貸付をする業者は悪質であることが想定されますので、弁護士に解決を依頼すべきでしょう。

成年後見人がいるから安心は危険！　身内がいちばん怖い

浜崎由紀夫さん（60歳）は妻とふたりで暮らしています。

浜崎さんには、5年ほど前から認知症になってしまった90歳の父親と、父親と同居している3歳年上で独身の兄がいました。母親は10年ほど前に亡くなっています。

浜崎さんが困っているのは、この兄の言動です。

じつは、父親が認知症になっていると判明した直後、浜崎さんと兄は父親に「成年後見人《せいねんこうけんにん》」をつけることにしました。成年後見人というのは、判断能力が低下した本人に代わって、その財産管理などを適切におこなう援助者のことです。

父親は現役時代、不動産業を営《いとな》んでいて、多くの土地やアパートを所有しており、管理すべき財産がたくさんあったのです。

後見人の申し立てを裁判所にするにあたって問題となったのは、誰が後見人となるかです。浜崎さんの兄は、昔からギャンブルにのめりこんでおり、借金もあるようでした。そのため浜崎さんは、兄が成年後見人になることに反対していたのです。

それに対して兄は、「自分が後見人になる」といって、浜崎さんの意見を聞きませんでした。「おれは長男だし、実際父親と一緒に住んでいるんだ。結婚して別に家庭をもっているおまえより、おれが後見人に適任だ」と押し切り、結局、浜崎さんの兄が後見人に選任されてしまいました。

しばらくすると、明らかに兄の生活がいままでより羽振りのよいものになりました。浜崎さんが実家に行くと、見たこともない新車が置いてあったり、家の中にあるテレビなどの家電製品が最新のものに替わっていたのです。

おかしいと思った浜崎さんは、兄に「父親の財産状況を教えてほしい」と求めましたが、兄は「ちゃんとやっている。裁判所に報告しているから、おまえに報告する必要はない」といって明らかにしようとしないのです。

そこで、浜崎さんは、自分で自宅の登記を調べたり、知っている限りの父親名義の財産などの残高を調べてみました。

すると、父親がもっていた財産のうち預金のほとんどが引き出されており、また父親名義の土地も勝手に兄の名義に変更されており、しかも売却されていたことがわかりました。

どうやら兄は裁判所にもウソの報告をして、父親の財産を使いこんでいたようなのです。浜崎さんは、あまりにもひどい兄の言動に怒りを覚えざるをえませんでした。

どうすればよかったか

浜崎さんのケースのように、成年後見人となった身内が財産を使いこむという例が増えています。それを防止するためには、まず信頼できない親族を後見人にせず、自分が後見人となることがいちばんです。

また、後見人を監督する立場の「後見監督人」の選任を同時に申し立てておく、後見人が不正行為をおこなったとして、後見人の解任を請求するといった方法もとることができます。

第11章

すぐそこにある だまし犯罪

浪費し放題の相手が得をする不思議な財産分与

佐藤勇さん（66歳）は自ら観光バス会社を経営していました。創業間もないころは苦労もありましたが、現在は経営もそれなりに安定し、そろそろ社長の座を息子に譲《ゆず》ろうかと思っていました。

そんなとき、佐藤さんの浮気が奥さんに見つかってしまいます。佐藤さんは出来心からバスの乗客のひとりと数年前から浮気をしていたのです。

長年夫婦関係を続けて来た奥さんも、佐藤さんの浮気にカンカン。すぐに離婚を申し込んできました。

佐藤さんは、自分が浮気したのが悪いと覚悟して、奥さんからの離婚にきちんと対処することにしました。

奥さんからは、浮気について慰謝料《いしゃりょう》を３００万円請求するという通知が来ており、佐藤さんはこれに応じることにしました。また、佐藤さん名義の自宅についても、奥さんに譲ることにしました。

しかし、奥さんが「自宅以外の財産は一切ないから、あなたに渡す財産は1円もありません」といってきたことについては、納得できませんでした。

というのも、佐藤さんの家庭では結婚してから現在に至るまで、お金の管理すべてを奥さんがしていたからです。佐藤さんは、昔から毎月の給料をすべて奥さんに渡し、数万円ほどのお小遣いをもらっていただけで、一切自分の貯金などはしていませんでした。

奥さんは「私がちゃんと貯金をしているし、生命保険や運用などもしているから安心して」と常日頃いっていました。佐藤さんは、お金の管理にあまり興味がなかったこともあり、「これ幸い」とすべてのお金の管理を奥さんにまかせていたのです。

佐藤さんの計算によれば、毎月の生活費を除外しても少なくとも数千万円の預金はあるはずでした。それにもかかわらず1円の財産も受けとれないとすれば、佐藤さんは新しい住まいを確保することもできません。

そこで離婚の話し合いは決裂し、裁判所で調停をおこなうことになりました。

調停が進むにつれて、佐藤さんの奥さんが「財産がない」といっていた理由がわかりました。その理由は奥さんの浪費にあったのです。

専業主婦であった奥さんには、書道という趣味がありました。奥さんはかなり書道にのめりこんでおり、高級書道用具、作品展への出品料・出張費・着物代、著名な作者の作品購入費などに佐藤さんから受け取った給与のほぼすべてをつぎこんでいたのです。

調停では、離婚時の財産がどの程度なのかが問題とされたため、奥さんの手元に財産が残っていない以上、佐藤さんにも分けることはできないとされ、佐藤さんはほとんど財産をもらうことができませんでした。浪費したほうが得をする離婚制度に、佐藤さんはとうてい納得することができませんでした。

どうすればよかったか

日本の離婚裁判では、離婚時の財産状態から財産分与額が判断されることが多く、財産分与額を減らす目的でおこなわれた浪費行為はともかく、そうでない過去の浪費についてはあまり問題とされません。佐藤さんのようにならないためには、結婚中から相手の財産状態をある程度把握《はあく》しておくことが必要といえます。

離婚で年金が減らされる？　年金分割制度に注意

角雅治さん（66歳）は、これまで中堅企業で働いてきましたが、数年前定年退職し、現在は妻とふたりで年金生活を送っています。

妻は10歳年下の56歳で、角さんは、老後はふたりで趣味の旅行などを楽しみたいと思っていました。

そんなとき、角さんは、妻から突然「離婚」の申し出をされました。妻の言い分では、「いままで子育てと、あなたの世話に明け暮れて、自分の時間がなかった。子どもも成人したし、あなたも定年退職で時間があるようになったのだから、私を自由にさせてほしい」というのです。

角さんは悩みましたが、これまで家庭を一切かえりみずに生きてきたという負い目もあり、離婚に応じることにしました。妻は離婚に際して、「あなたに迷惑をかけることになるのはわかっていますから、財産はいりません」といってきており、老後の経済状況が悪くなることはないと思えたことも離婚に応じた理由の一つでした。角さんには、あまり貯金がなく年金が唯一の財産といってもいい状況でした。

離婚して1年ほど経過したとき、家庭裁判所から角さん宛に手紙が届きました。中身を確認してみると、元妻から、角さんに対して「年金分割」を求める申し立てがされたというものでした。

角さんはまったく知識をもっていなかったのですが、離婚の際に一方の配偶者が相手方に対して、年金を受けとる権利を分割するように求めることができるのです。

はじめてこの制度を知った角さんでしたが、「自分が支払ってきた年金についての権利を、なぜ自分から離婚を申し出た元妻に渡さなければいけないのか！」と憤慨《ふんがい》しました。

調停の席でも、裁判官に対してそのことを説明しました。しかし、元妻は50％の権利を分割するように求めて譲りません。

結局「審判」という裁判所の判断で決着がつくことになりましたが、その内容は、元妻に50％の権利を与えるというものでした。

結局、角さんが毎月もらっていた年金は、この分割がされたことによって月額6万円近くも減らされることになってしまいました。角さんは、「このことを知っていれば離婚に応じることはなかったのに……」と、いまさらながら深く後悔しました。

どうすればよかったか

会社員や公務員の夫をもつ妻は、離婚時に年金を受けとる権利を分割するよう夫に請求することができます。この年金分割制度で注意するべき点の一つは、離婚が成立した後でも2年以内であれば請求することができるという点です。角さんの例のように、離婚の話し合いが終わった後でも請求することができるのです。

もう一つの注意点は、分割割合はほとんどの場合50％になるということです。分割の割合については、最終的には裁判所が決めることになりますが、統計を見るかぎりほとんどの場合50％になっています。高齢者の離婚の際には、この年金分割の結果がもらえる年金額にすぐに影響するため、注意が必要です。

認知症を理由に離婚することはできるか

大塚小春さん（70歳）は夫とふたりで生活していました。夫は現在80歳なのですが、10年ほど前から認知症の症状が出ています。

その程度は年々進行しており、最近では大塚さんの名前すら忘れてしまうような状況でした。大塚さんは、これまで10年ほど認知症の夫の介護を続けながら生活してきましたが、自分自身が年々加齢のために体力がなくなってきており、介護を続ける気力がなくなってきました。介護により、プライベートな時間をほとんどとることができないという状況にも疲れ切っていました。

そこで、大塚さんは、申しわけないが夫となんとか離婚をして、介護に忙殺《ぼうさつ》される日々から解放されようと考えました。夫との離婚に向けて行動を進めていきました。

調べてみると、大きく分けて離婚には、調停や裁判を経ておこなう離婚と、当事者の話し合いを経ておこなう協議離婚があることがわかりました。夫は認知症で、充分な意思《いし》表示をすることができず、話し合いを前提とした協議離婚はできないと知りました。

そうなると、調停や裁判を経て離婚を進めていくことになりますが、認知症の夫に対して離婚の調停や訴訟《そしょう》を起こすためには、本人に代わってさまざまな判断をする「後見人」を選任する必要があることもわかりました。

幸い大塚さんの夫には、10歳以上も年の離れた弟がおり、「自分は高齢でつとまりそうもないから」と後見人を依頼すると、こころよく引き受けてくれました。

後見人が決まるとようやく、離婚の調停や裁判を起こすことができました。

しかし、結局大塚さんの夫に対する離婚の申し立ては認められることはありませんでした。裁判所が離婚を認めない判決を下したのです。

日本の実務上では、離婚の際には「離婚事由」と呼ばれる、離婚を正当化する理由が必要になります。夫が認知症であるという事実は、離婚事由のうち「婚姻を継続しがたい重大な事由」にあたりうるのですが、単に夫が認知症であるだけでは「婚姻を継続しがたい重大な事由」には該《がい》当《とう》せず、妻がこれまで介護に充分手をつくしているかどうか、離婚しても夫が充分な生活をしていく見込みがたっているかどうかが必要となるのです。

大塚さんはこのことをよく知らないまま、離婚の申し立てをしましたが、結局手間暇を費やしただけで、離婚をすることができなかったのです。

どうすればよかったか

高齢者の離婚は増加する傾向にありますが、離婚はどのようなことでも認められるわけではありません。

双方《そうほう》が合意していない場合には、法律上離婚が認められる理由があることが必要です。

大塚さんの例のように相手が認知症の場合、協議離婚はできなくなりますし、調停や裁判をするにしても後見人が必要になります。

単に認知症であるだけでは離婚の理由とならないのが裁判所の考え方です。離婚に踏み切る前に、夫の親族に将来の介護を依頼する、まとまった財産を夫に渡す、など認知症の夫の生活をきちんと整えてから離婚を申し入れることが必要になります。

突然の交通事故！　保険会社はあなたの味方ではありません

板橋智子さん（65歳）は夫とふたりで静かな生活を送っていました。

ある日板橋さんは、日課である散歩の途中、交通事故にあってしまいました。板橋さんが毎日散歩をしているコースの途中には、一つだけ横断歩道がありました。板橋さんはこの横断歩道を歩いているときに、右折で横断歩道を横切ろうとした車にぶつけられてしまったのです。

板橋さんは青信号の横断歩道を余裕をもって渡ろうとしており、事故の原因は車の運転者の不注意にありました。板橋さんは、車にぶつけられた結果、転倒し腕を骨折してしまいました。

事故後すぐに運転者が板橋さんのところへ謝罪に訪れました。また、被害弁償《べんしょう》については任意保険会社が担当してくれることになりました。保険会社担当者からは、すぐに板橋さんに連絡があり「治療費については当社が負担しますので安心して、治療に専念してください」との説明がありました。

板橋さんは、「加害者の方が誠実でよかった」と思い治療に専念しました。

事故から4ヵ月ほどたち、板橋さんの怪我はかなりよくなっていましたが、いまだ痛みが残る程度の状態です。そんなとき、保険会社から板橋さんのところへ電話がありました。保険会社の担当者は、板橋さんの怪我の状況を尋《たず》ねてきました。

板橋さんが現状を伝えたところ、担当者は明らかに不機嫌な態度になり、「本当にまだ治《なお》っていないのですか？　気持ちの問題ではないのですか？　当社ではこれ以上の治療は必要ないと判断します。今後、治療費は自己負担でお願いします」といってきたのです。

突然の治療費打ち切りに、板橋さんは動揺してしまいます。そうして治療を続けるべきかどうするか迷っていたところ、突然保険会社から手紙が送られてきました。

そこには、「交通事故に対する賠償金の支払い提案」との記載《きさい》があり、保険会社が計算した賠償金額が記載されていました。板橋さんは、交通事故にあうのは人生ではじめてであり、その賠償金額が適切なのかどうかわかりません。

どうしようか迷っていると、また保険会社担当者から連絡がありました。担当者は「先日お送りした提案書はいかがですか？　早期に署名捺印して返送してください。遅れた場合、賠償金を支払うことができません」などと一方的にまくしたてます。板橋さんはわけもわからず「賠償金がもらえないのは困る」といってサインしてしまいました。

その後板橋さんの怪我はやはりまだ痛みが残り、病院通いを続けています。しかし治療費は自己負担です。板橋さんはこれでよかったのか、いまだに納得できない思いを抱き続けています。

どうすればよかったか

交通事故で怪我をした際、加害者側の保険会社は治療費の負担を少なくするために治療費の支給停止や治療の停止を求めてくることがあります。また、一方的な金額で示談《じだん》をまとめようとすることもあります。これらはいずれも、被害者側が応じなければいけないことではありません。安易に保険会社のいいなりになるのではなく、弁護士などの専門家への相談を検討してください。保険会社は、必ずしも被害者の味方というわけではないのです。

示談後に後遺症発生！　治療費の請求は？

並木秀隆さん（65歳）は現役を退《しりぞ》いてはいましたが、体は健康そのもので毎日活発に生活をしていました。

あるとき並木さんは、交通事故の被害者になってしまいます。自転車に乗っていた並木さんの後ろから自動車が追突してきたのです。この事故で並木さんに悪いところは一切なく、その責任のすべては前方不注意であった運転者側にあるとされました。

派手に転倒した並木さんは、すぐに救急車で病院へ搬送されました。検査のために数日入院し、レントゲンで全身をくまなく調べましたが幸いなことに骨折などの異常はなく、打撲《だぼく》程度の怪我ですんだのです。

数ヵ月経過し、並木さんの怪我はすっかりよくなったように見えました。

加害者は任意保険に加入していたため、保険会社から入院費や治療費、慰謝料などの一切を賠償する提案がありました。

並木さんは、その提案額が妥当なものであることを確認し、示談書にサインしました。

そうして並木さんは、いままでどおりの日常生活を送っていました。すると示談書にサインをしてから1ヵ月後あたりから、耐えがたい頭痛がするようになってきたのです。

並木さんはたまらず近くの病院を受診しました。そうしたところ、頭痛の原因は交通事故により頭部を強く打ちつけたことによるものだ、ということがわかったのです。

並木さんは、すぐに治療を開始しました。それと同時に、事故対応をしていた保険会社に連絡をとり、後遺障害が発生したので治療費を負担してもらいたい旨《むね》を伝えました。

並木さんは、これまでの保険会社の対応から、当然この後遺障害の治療費負担についても保険会社が応じてくれると考えていました。

ところが、保険会社の担当者は「すでに今回の事故の賠償については、示談書を取り交わしており終了しています。示談書には、『相互に債権債務はない』という記載があり、お互いに請求するものはないことが明確にされています。よって後遺障害の治療費を支払うことはできません」というのです。

並木さんはあわてて示談書を確認してみましたが、たしかにそのような記載があります。後遺障害は事故が原因である、と医者に断言されたにもかかわらず、示談書があるために請求できないのは納得できませんでしたが、並木さんはそれ以上どうしていいかわからず、なくなく自分で治療費を負担せざるをえませんでした。

どうすればよかったか

交通事故の示談書などでは、「お互いにこれ以上責任を追及しません」という条項が記載されることが多くあります。一見するとこの記載がある以上、それ以上の責任追及はできないようにも思えますが、後遺障害は事故後しばらくして発生することもあり、示談後にもあらためて責任追及をすることができる場合があります。

示談書にサインしたからあきらめよう、と安易に考えるのではなく、弁護士などの専門家に相談すべきでしょう。

借用書がなければ借りた金は返さなくてもいいか

鹿野武雄さん（60歳）には、学生時代からの友人がいました。この友人は、いわゆる悪友で、昔から一緒にギャンブルをしたり、お酒を飲みにいったりする仲でした。

あるとき鹿野さんが、この友人といつものように近所の居酒屋で飲んでいると、友人が鹿野さんに対して「鹿野、すまん。どうしても30万円が必要なんだ。貸してくれ」といってきました。

理由を聞くと、とあるスナックで飲んでいるときに泥酔《でいすい》して他の客とケンカしてしまい、お店の備品を壊し、お店からその損害金を請求されているということでした。

鹿野さんは、しょうがないやつだと思い、「30万円くらいならまあいいか」という思いで貸してやることにしました。

友人はとても感謝し、借用書を書いて鹿野さんに渡し、鹿野さんから30万円を受けとりました。当初の約束では、半年後に全額返すということになっていました。しかし、半年たっても、友人が返済する様子はありません。鹿野さんが返済するように問いただしても、「いまは、たまたま持ち合わせがない」「来月大きな仕事が入るので、全額返すことができる」などといって、いっこうに返そうとしないのです。

それどころか、友人は借りたことさえとぼけるようになり、「いつ借りたんだっけ？」「本当におれなの？」「30万円も借りてない」などというようになりました。しまいには、「借りた覚えがない！　証拠はあるのか？」と開き直るようになったのです。

さすがの鹿野さんも頭にきたため、友人に借用書を突きつけて返済を求めることにしました。しかし、鹿野さんは借用書をなくしてしまったらしく、どこを探してもありません。

これを知った友人は「借用書がないなら、なおさら返せない」「証拠もないのにお金を払えるか！」といってくるようになりました。

鹿野さんは悔《くや》しくてたまりません。しかし、借用書をなくしてしまったのは自分の責任です。これはあきらめるしかないのか……と溜《た》め息をつくしかありませんでした。

どうすればよかったか

友人知人間でお金を貸した際、借用書を紛失してしまうと、後々トラブルとなったときお金を貸した証拠が存在しないことになり、スムーズにお金を取り戻せないことがあります。

しかし、借用書がないからといってお金を貸した事実がなくなることはありません。借用書がなかったとしても、お金を貸したことが証明できれば問題ないのです。たとえば、貸し付けるお金を銀行から引き落とした通帳の記録や、返済を求める際のやりとりの録音データなどから、お金を貸したことは証明可能です。

借用書がないからといって、あきらめないようにしましょう。

あとがき

本書を最後までお読みいただきありがとうございました。

「はじめに」でも書いたことですが、だまされないために必要な備えのうちもっとも大事なことの一つは、だましの手口についての知識を得るということです。

他人からだまされる、という状況は、ある日突然起きるもので、準備に準備を重ねてからやってくるものではありません。ですから、本書のようにだましの手口を一つでも多く知っておき、いざというとき「これはだましの手口だ！」と気がつくことが大切なのです。

これは、たとえていうとインフルエンザの予防接種のようなものでしょう。予防接種では、いざそのウイルスが体内に入ってきたときに備えて、少量のウイルスを体内に注射して、免疫《めんえき》をつくっておきます。

これと同じように、いざというときにだまされないために、あらかじめ本書の事例を読んでだましの手口に対する免疫をつくっておくのです。

本書を最後までお読みいただいた方には、この免疫がついていると思われます。読者のあなたがだまされる可能性は激減したといっていいでしょう。

ただし、注意が必要なのは、本書を読んだからといって「これで私は大丈夫！　絶対だまされない」と思わないでください。

この「私は大丈夫」というのは非常に危険な思考です。なぜなら、「私は大丈夫」という考え方は、冷静になって考えなおすというだまされないために不可欠な姿勢を失わせるからです。

人はだまされるとき、心のどこかで「これはだまされているのではないか？」と思うものです。このとき「私は大丈夫」という根拠のない自信をもっていると、この「だまされているのではないか？」という心の声を無視してしまうことになるのです。

必要以上に他人からだまされることを恐れる必要はありませんが、常に「自分はいつだまされてもおかしくない」という自分に対する健全な疑いをもつことが重要です。

本書を通じ、一人でも多くの方がだまされることなく平穏《へいおん》に生活することができるようになれば、著者としては望外の喜びです。

最後に、丁寧《ていねい》な編集作業をしていただいた、さくら舎代表取締役の古屋信吾さんおよび書籍編集部の猪俣久子さんに深く感謝を申しあげます。

弁護士　間川《まがわ》清《きよし》

著者略歴

一九七八年、埼玉県に生まれる。中央大学法学部を卒業。二五歳で司法試験合格後、勤務弁護士を経て、セントラル法律事務所を経営。損害賠償事件、相続事件、離婚家事事件、刑事被告人弁護など、年間二〇〇件以上の弁護士業務を担当。多数の詐欺被害対応案件を担当するほか、殺人事件の被害者遺族への謝罪、性犯罪被害者への謝罪・示談交渉など、さまざまなトラブル解決にあたっている。

著書には『気づかれずに相手を操る交渉の寝技』（WAVE出版）、『妻は最高の投資物件である。』（自由国民社）、『ダマされない技術』（法研）などがある。

だまし犯罪《はんざい》百科《ひゃっか》
——巧妙《こうみょう》な話術《わじゅつ》と手口《てぐち》の全貌《ぜんぼう》

二〇一五年一〇月一〇日　第一刷発行

著者　間川《まがわ》清《きよし》
発行者　古屋信吾
発行所　株式会社さくら舎　http://www.sakurasha.com
東京都千代田区富士見一-二-一一　〒一〇二-〇〇七一
電話　営業　〇三-五二一一-六五三三　FAX　〇三-五二一一-六四八一
編集　〇三-五二一一-六四八〇
振替　〇〇一九〇-八-四〇二〇六〇
装丁　アルビレオ
イラスト　ねこまき（ミューズワーク）
印刷・製本　中央精版印刷株式会社

ISBN978-4-86581-028-8